你不是沒時間，而是沒精力！

提高人生績效的精力管理術

體能X情緒X目標X生活習慣
做自己的精力管理教練！

精力管理教練
唐希媛 LUNA——著

前言

二〇一二年七月二十一日，北京下了一場六十一年不遇的大暴雨。那是我畢業後第一年上班，當時還是一個小助理。因為暴雨，老闆當天的飛機誤點了十八個小時，凌晨五點才降落機場。我以為他會讓我幫他推遲一些工作安排，結果早上八點，他神采飛揚、清爽得體地出現在辦公室，重要的工作一項沒耽誤。

而我呢，因為夜裡幫老闆聯繫司機少睡了幾個鐘頭，早上灰頭土臉、頂著熊貓眼去上班，一整天都處於神遊的狀態。那時候，老闆五十三歲，而我只有二十三歲。我被震撼到了，我的精力有這麼差？

我第一次意識到，人跟人的精力差距能有這麼大。以前一直以為年輕人的精力一定比中老年人的精力好，但是現實給了我一巴掌，原來精力管理可以打敗一個人的年齡。

我相信不同的結果背後一定有不一樣的行為，於是我去觀察我的老闆，觀察他吃什麼，如何安排運動，怎樣安排工作。

我經常看見他中午只吃一個自己帶的三明治，而且是非常簡單的三明治，兩片麵包加一片火腿、幾片番茄和菜葉。後來機緣巧合，跟他的家人一起吃晚飯，我發現他很喜歡吃中式的水餃，但也只吃了幾個就停下來。我問這是為什麼，他說他堅持「Big breakfast, small lunch, small dinner」，也就是早飯吃得豐盛一些，午飯少吃一點兒，晚飯少吃一點兒。他非常重視運動，即使出差也去健身房，如果實在沒條件，也堅持晚上去散步。

我還發現他每天上班都很規律，早上七點半準時到辦公室學中文，九點半之前一般不開會，十一點半準時吃午飯。當時我以為他只是堅持在固定的時間做固定的事情，後來我在精力管理領域積累多年才意識到，他其實是保持了非常好的內在規律，讓大腦有了「儀式感」，做什麼事情都很容易進入專注狀態。因為內在規律非常穩定，外在的事情，比如專案時程、環境壓力等，幾乎很難影響到他。除了觀察我的老闆，我還買了一些腦科學、專注力、精力提升的書籍和影片研究。回頭看，我當時的老闆，算是我在精力管理路上的「啟蒙人」。

後來，我一邊工作一邊準備出國留學，那段時間，我算是把學到的時間和精力管理的知識用到了極限。比如，為了早上快速清醒，我經常一邊做平板支撐一邊背單詞；別人中午閒聊的時候，我找個會議室趕緊睡一會兒；別人下午打盹兒摸魚的時候，我去樓梯間爬幾層樓梯讓自己恢復清醒……這個時期我切切實實享受到了精力管理的好處，一天做的事情抵得上以前的兩天。我花了半年的時間。考完了托福和ＧＲＥ。拿到了美國學校的錄取通知書。

然而，到了美國，不出半個月，我就經歷了一場讓我的身體和心靈全面崩塌的車禍。當我從醫院醒來，發現自己除了身體上無盡的疼痛，還有一系列後遺症——脊椎錯位、內分泌系統失調。即使咬牙忍著疼痛，最多也只能走兩千步。

更可怕的是精神世界的崩塌，想到自己還這麼年輕。以後不能劇烈運動，不能走太多路，不能去爬山，甚至餘生要坐在輪椅上，想像到別人同情的目光就無比恐懼。我好像是一個裝滿負面情緒的垃圾桶。整個世界都蒙上一層悲觀的濾鏡。我第一次知道，原來夢裡是會流淚的，因為早上醒來的時候，我的枕頭都是溼的。那時候抗壓能力也是很弱的，記得當時臨近期末考試，家裡也有些事情讓我不開心，我還面臨著巨大的經濟壓力，一週去五次醫院，錢都花在了醫藥費上，下學期的學費沒有著落，我覺得自己的華爾街投行夢破滅了。那段時間，我本來睡得好好的，然後半夜突然胃不舒服開始嘔吐，我當時以為自己白天吃了不好消化的東西，後來看了醫生才知道，是壓力太大、情緒太滿導致的腸胃消化問題。那段時間專注力也明顯下降，以前能夠專注九十分鐘，當時只能專注三十分鐘。我覺得自己只是勉強掙扎著生存，整個人疲憊不堪，精力狀態跌到了低谷。

福禍相依，雖然過程痛苦，但是在整個身體康復的過程中，我很幸運地沒做任何手術，體驗了多種不同派別的療法，這讓我對許多最新的醫療方法產生興趣。那時候我才知道，原來生病後除了吃藥、打針和手術，還有其他更有效的方式。那個時候我對這些醫學和身體康復幾乎著迷，見了非常多這個領域裡的大師級人物。除了身體上的創傷，心理的創傷也要療癒，我去看了很多心理醫生，後來乾脆自己學習，拿到了一些心理學方面的證書，比如美國ＡＢＮＬＰ認證高級執行師、美國ＡＢＨ認證催眠治療師等。這個時期我意識到，原來精力不僅僅跟身體狀況有關，跟自己的心理狀況也有很大的關係。我對精力管理的理解跟以前考ＧＲＥ的時候又不一樣了。我現在的精力管理課程，並不侷限於提升體能精力，加入了很多心理學、醫學上的知識，這跟這段自我療癒的過程是分不開的。

現在的我，身體已經康復，精力水準比遭遇車禍之前還好。最近這段時間，一天裡直播、講課、寫書、個案諮詢加起來的時間，經常超過十個小時，我還要兼顧家裏的裝修、開會、跟學員溝通等，可是一天結束，我並不覺得有多辛苦，狀態一直在線上。當然，我的生活也不僅僅只有工作，前陣子還抽空出去遊玩了幾天。別人問我，妳怎麼一天活出別人的三天？我說，我只是比別人更會管理精力。

從二〇一九年被朋友催著開課，到現在已經開了四年精力管理課程，幫助過幾千名學員提升精力管理水準，中間也幫企業員工做過定制化精力管理培訓。每當有學員跟我說自己的變化，都會給我無盡的滋養，鼓勵著我在精力管理領域持續深耕。做教練的這幾年，我發現雖然學員們遇到的問題看似多種多樣，但背後的根源大多離不開精力這個底層問題。尤其是從澳洲回國的這一年，眼見著大家的生活節奏變得異常快，被各種角色壓得喘不過氣。我們能不能在高壓和快節奏的生活之下保持身體健康和一定的心理韌性，能不能和自己獨處，能不能照顧好家人，甚至安撫你崩潰的閨蜜，這一切都跟精力息息相關。

我希望透過這本書，能夠幫助更多人瞭解精力管理，知道如何管理自己的精力。我結合國際最新理論，以及自己多年的親身經驗和教學經驗，對我原有的知識體系做了進一步整理加工。

我希望這本書能讓更多的人知道在人生這條路上，如何給自己及時加油以及適度保養，讓自己更好地適配各種各樣的賽道，扮演好各種角色。

這本書適合忙於為生活、工作打拚的你，希望它可以給你一些思路和方法，讓自己能喘口氣。同時適合對自己有要求、對生活有期待、不斷奮進的你，希望它可以助你精力滿滿，過上自己想要的人生。

目錄

第3章 管理情緒：別讓內耗偷走你的電量

PART 2

精力管理

Part

1

精力電池

如果把人看作一部手機，精力就是你的電池

第 1 章

你的精力
亮起了什麼燈？

1.1 你的精力水準如何？

總結做精力管理教練這些年的經驗，學員剛來找我的時候無非面臨下面幾種情況：

學員Ａ：白天忙完一天，感覺自己的「電量」只剩二十％，回到家就只想癱在沙發上。孩子要我念繪本給他聽，剛講一會兒就想睡，我開始應付孩子：「媽媽累了，明天再給你多讀兩本。」等孩子睡了，自己滑手機、看劇，越看越不想睡，捨不得這專屬於自己的自由時光。睡得晚，第二天當然精力不足，如此循環往復，答應孩子的繪本永遠在「明天」，對孩子積攢的愧疚越來越多。我的睡眠也時好時壞，入睡前思緒亂飛，好不容易睡著了，腦子停不下來，半夢半醒。早上早醒，常常四點多就睡不著了，起來吧，身體疲憊不願意起，不起來吧，乾躺著又睡不著，等到六七點鐘，有了睡意，可惜也該起床上班了。每天早上醒來都只有半格電，感覺自己一大早就輸在了起跑點上。也曾試著去運動，但是每次都是三分鐘熱度，運動裝備都買了全套，人卻堅持不下去。工作壓力大的時候，還會暴飲暴食，體重不受控制。感覺自己陷入了一個死胡同裡面，走不出來。

學員B：我是一個創業者，最大的問題是情緒不穩定。當心情低落時，整個人只能「躺平」，工作室都不去，就窩在家裡追劇或者打麻將。我就像一輛特別容易拋錨的車，不知道什麼時候就停在了半路上。在工作中很容易跟客戶翻臉，覺得自己辭職創業就是為了不看別人的臉色，都自己當老闆了憑什麼要忍？當然跟家人的關係，也是易燃易爆炸的模式，說不定哪天會忍不住對孩子大吼一頓，家庭關係很緊張。

學員C：我是一個二寶媽媽，在網路公司工作，加班是常態。老公更忙，一週工作六天，每天夜裡十一點後才下班，工作時電話、通訊軟體都聯繫不上。小寶兩歲半，正是黏爸媽的時候；大寶十歲，正是需要關心和交流，學習也需要加把勁的時候，沒有長輩可以長期幫忙。我感覺自己一個人要掰成幾瓣才夠用。我一直處於一種疲於奔命的狀態，越來越難以專注做事，工作的時候想著孩子，在家陪孩子的時候忍不住看工作群組，效率越來越低。

學員D：剛入職的前幾年，總有使不完的勁，熬夜加班，不知疲憊。我最長的紀錄，是全公司著名的連續工作二十六小時，最後被請回家。不眠不休地工作給我帶來了飛速的職場發展。然而，等我生了小孩，再加上職場上連升好幾級，挑戰越來越大，整個人的精力處於捉襟見肘的狀態，內心充滿了焦慮和壓力，這些壓力也給我的親密關係帶來了前所未有的壓力，職場、家庭都陷入了困境。

學員E：我剛開始創業，什麼事情都需要自己操心，每天從早上醒來就開始無邊無際的忙碌，一天工作十幾個小時是家常便飯。我很擔心自己創業還沒成功，身體先受不了了，偶爾看著自己日漸稀少的頭髮會很焦慮。

……這些情況你也有嗎？本該高效工作的時間想睡、沒精神；陪孩子沒時間，但是看手機卻越看越有精神；專注力越來越差，看短影音停不下來，看長影片就沒了耐心；作息紊亂，夜裡睡不著，早上醒不來，多夢易醒；情緒不穩定，易失控且易焦慮，事業家庭難兼顧，甚至感覺生活沒什麼希望。

其實，這些都是精力不足的表現。在這個忙碌又焦躁的時代，「精力」成為日漸稀缺的資源。

什麼是精力？

精力，是一個人享受工作或者休閒時光的能力，也可以指對生活充滿熱情與活力的感覺。如果把自己比作一部手機，精力就是你的電池；如果比作一輛汽車，精力就是你的油箱。當你的電量越足，油量越滿，才有能量去高效完成任務，更好地工作和生活。你可以觀察身邊的人，那些工作順利、家庭幸福的人，往往都是精力充沛、活力滿滿的。然而，當你走在大街上，觀察來來往往的行人，從容自若、眼裡有光的人是少數，而行色匆匆、神情淡漠，或疲憊不堪、無精打采的人卻占了大多數。

你的精力水準是否亮起了紅燈？

為什麼有的人神采奕奕，有的人卻無精打采呢？如何衡量一個人的精力水準？我用「精力紅綠燈」來衡量，它代表著你是否還有足夠的可支配精力。

我們從精力的「供給—需求」來分析。當精力的供給小於需求，你大概會處於「疲於奔命」或者「捉襟見肘」的狀態，具體可能會表現為，早上醒來還是疲憊，不能很好地控制情緒，對什麼事情都提不起興趣，比平時更容易生氣，耐心不足，甚至直接生病，很多事情難以兼顧。這都代表你的可支配精力亮起了紅燈。它在提示你，該停下來好好休息或者提升精力水準了。

誰的精力最容易亮紅燈呢？正常情況下，人在二十五歲到三十歲，精力供給達到巔峰，然後開始走下坡路。但是，過了三十歲，大多數人的人生角色和責任卻在不斷增多，比如結婚生子、工作升職、照顧父母等，這意味著你的精力需求在不斷增加，勢必造成了精力供給和需求的不平衡。所以，中年人最容易亮起精力紅燈。很多人為了滿足工作需要，犧牲陪伴家人的時光，犧牲健康。我們所說的「中年危機」，歸根結柢離不開「精力危機」。還有很多職場女性，在生完孩子後也很容易崩潰，因為孩子的到來，打破了原來的精力供需平衡。當然，還有一類人，精力也容易亮紅燈，這就是「有野心」的人，比如創業者，比如對未來充滿期待的你。如果你期待自己能夠學更多的知識，做更多的事，有更豐富的生命體驗，那麼你勢必會有更高的精力需求，因此你需要更高水準的精力管理能力來匹配你的野心。

如果你的精力供給和支出基本持平，此時你的精力狀態是黃燈，這種狀態在提示你，該踩剎車了。

如果你的精力供給大於需求，此時會感覺能量滿滿，樂觀積極，專注而高效。恭喜你，多出來的精力可以用於你想要的各個領域，無論是興趣愛好，還是健身，家庭或者事業，你的精力指示牌都一路綠燈，暢通無阻。

那麼，你覺得自己現在的精力，亮的是什麼燈呢？

1.2 測試你的精力管理水準

你如果觀察那些企業家、菁英人士，會發現他們大多精力旺盛，難道是天生如此？我們不排除有基因的因素，但大多是刻意管理的結果。鐘南山院士八十四歲時還能站在抗擊新冠疫情的第一線。鐘院士的精力水準，離不開幾十年如一日的運動、飲食，以及對心態、習慣等的管理。

事實上，大多企業家都有自己的私人精力管理教練（或者健康管理顧問）。一位長期舉辦體育賽事的朋友說，參加馬拉松、鐵人三項等比賽的，大多為企業中高階主管。因為他們都明白，「世界上所有的工作，到最後拚的都是精力。」他們即使工作再忙，也要見縫插針地提升自己的精力。

如何管理精力呢？首先我們要管理好影響精力的幾個基本因素——體能、情緒、專注力、目標與熱愛。

體能：體能是精力的基石，是我們的電池總容量，包括先天體能精力和後天體能精力。先天的體能精力跟遺傳相關，無法改變，而後天的體能精力可以人為改變，可以從飲食、運動、睡眠和呼吸這幾個方面調整，來增大我們的電池容量。

情緒：你可能每天都面對著堆積如山的工作，你會感到壓力巨大，你會因為一點小事和伴侶吵架生氣，或者因為孩子教育或房貸而焦慮，這些都是巨大的精力出口。

專注力：你的注意力在哪，結果就在哪。然而如果太多事情分散了你的專注力，會導致你的精力無法集中在重要的事情上。因此，提升專注力也是精力管理的重要方面。

目標與熱愛：當你擁有了目標，當你沉浸在所熱愛之中，它們會自帶動力，替你的精力加分。

除了體能、情緒、專注力以及目標和熱愛等基本因素，如何分配精力也至關重要。讓有限的精力產出最大化，也是精力管理中的重要組成部分。因此，本書的第二部分會著重講述精力管理的核心策略，包括如何布局、如何做減法，以及如何透過習慣和範本等，幫我們合理投放精力資產，產生更高的收益。

那麼，現在你的精力水準如何呢？歡迎完成以下測試，看看自己優勢在哪裡，以及哪裡需要提升，帶著這些對自己的認知，開始這本書後面的閱讀。

精力管理水準測試

1. 體能

A. 我經常感到疲憊不堪，甚至很多時候睡醒了也不解乏。

B. 偶爾覺得疲憊，狀態基本穩定。

C. 睡醒了還是覺得有點累的情況，一年少於五次。

D. 基本不會感到疲憊，每天都能量滿滿。

2. 情緒

A. 經常崩潰，脾氣暴躁，尤其是壓力大的時候。

B. 情緒基本穩定，偶爾會控制不住自己。

C. 內心相對平和，對外界有一定的包容度。

D. 可以讓情緒很好地釋放和表達，能積極地調節自己的情緒。

E. 大多數時間心情愉悅，可以包容周圍人的負面情緒並給予正面積極的回饋。

3. 專注力

A. 很難專注，經常走神，做事效率低下。

B. 靠番茄鐘可以專注二十五分鐘左右。

C. 不借助外力每天可以累計專注二．五小時左右。

D. 經常可以進入心流狀態。

4. 精力內耗指數

A. 經常進行自我否定、批評，對自己有很多不滿意的地方，非常不自信。

B. 對自己有一些不接納，自我對話有時消極，會有一些自我設限，不敢逃離舒適圈。

C. 帶著自我懷疑積極地行動，沒有太多的內耗和自我設限。

D. 對自己的接納度非常高，勇於嘗試，樂觀積極地面對生活，自我對話積極。

5. 抗壓能力

A. 經常感到壓力，並且壓力來了會焦慮，想要拖延。

B. 壓力來了可以捲起袖子幹，不過和壓力共處的方式是暴飲暴食。

C. 可以察覺到壓力，有意識地主動給自己減壓、放鬆。

D. 可以愉快地和壓力共處，壓力來了能量滿滿，開啟超人模式。

1～5題選擇A、B、C、D、E選項分別得分0、1、2、3、4分，總計16分。

我的得分為：＿＿＿＿＿

---

6. 精力計畫能力

A. 每天被推著走，毫無計畫。

B. 有做計畫的理念，堅持得並不理想。

C. 能堅持做計畫，五十%以上能按照計畫實行。

D. 透過做計畫能夠對自己的時間和精力瞭若指掌。

7. 精力投資

A. 對自己的精力沒有太多的投資概念，也沒有很珍惜。

B. 有意識地保護自己的高精力時段，但還是經常被外界打擾。

C. 基本能在高精力時段完成自己最重要的「三隻青蛙」（困難又重要的事）。

D. 可以在必要的時候調節自己的精力狀態以配合自己的生活需求。

8. 精力投資原則

A. 對人生沒有什麼規劃和思考，每年沒有設定目標。

B. 每年有設定一個目標，不過很容易就半途而廢。

C. 有一定的規劃和優先順序排序，其中的大部分都能順利執行。

D. 對人生有規劃，有優先順序排序，可以進行取捨選擇。

9. 熱愛

A. 從小就很聽話，但是沒有太多自己的想法和嘗試。

B. 對自己有一些察覺，正在嘗試與探索自己的愛好。

C. 有自己的興趣愛好，可以從中滋養自己。

D. 工作就是自己的愛好，幸福滿滿。

---

10. 心力測試

A. 遇到困難、挫折容易放棄，想要逃避。

B. 遇到阻力的時候容易胡思亂想，最後逼著自己也可以解決部分問題。

C. 遇到困難會有一些情緒波動，基本可以理性地想辦法調整策略解決。

D. 遇到困難可以樂觀積極地面對，不會有太大的情緒波動，勇於擁抱變化和不確定性。

6～10題選擇A、B、C、D選項分別得分0、2、3、4分，總計20分。

我的得分是：＿＿＿＿＿

11. 精力習慣

(1) 我能做到規律飲食，並堅持七分飽。

A. 完全不符合　B. 不符合　C. 一般

D. 基本符合　E. 完全符合

(2) 我在吃飯時細嚼慢嚥，不暴飲暴食。

A. 完全不符合　B. 不符合　C. 一般

D. 基本符合　E. 完全符合

(3) 我大部分時間能做到健康飲食，不吃垃圾食品。

A. 完全不符合　B. 不符合　C. 一般

D. 基本符合　E. 完全符合

(4) 我每天有足夠的飲水量。

A. 完全不符合　B. 不符合　C. 一般

D. 基本符合　E. 完全符合

(5) 我每天的基本睡眠時間是固定的。

A. 完全不符合　B. 不符合　C. 一般

D. 基本符合　E. 完全符合

(6) 我很容易入睡，基本不失眠。

A. 完全不符合　B. 不符合　C. 一般

D. 基本符合　E. 完全符合

(7) 我每天能保證七小時或者以上的睡眠。

A. 完全不符合　B. 不符合　C. 一般

D. 基本符合　E. 完全符合

(8) 我一覺醒來感覺精神飽滿。

A. 完全不符合　B. 不符合　C. 一般

D. 基本符合　E. 完全符合

第11題選擇A、B、C、D、E得分分別為0、1、2、3、4，總計32分。

我的得分：________

12. 做減法

(1) 家中物品過度囤積，有很多東西都過期了或者用不上。

A. 完全不符合　B. 不符合　C. 一般

D. 基本符合　E. 完全符合

(2) 經常在買東西的時候猶豫不決，屬於糾結症患者。

A. 完全不符合　B. 不符合　C. 一般

D. 基本符合　E. 完全符合

(3) 基本理性消費，不過有一些物品自己並不需要，也捨不得處理。

A. 完全不符合　B. 不符合　C. 一般

D. 基本符合　E. 完全符合

(4) 家裡的物品基本都不是自己喜歡的，也有很多是不需要的。

A. 完全不符合　B. 不符合　C. 一般

D. 基本符合　E. 完全符合

(5) 不會拒絕別人，外界對自己的評價會產生很大的影響。

A. 完全不符合　B. 不符合　C. 一般

D. 基本符合　E. 完全符合

(6) 很多事情總是想得太多，缺乏行動力。

A. 完全不符合　B. 不符合　C. 一般
D. 基本符合　E. 完全符合

(7) 為了迎合別人的期待做了自己不想做的事，習慣委屈自己。

A. 完全不符合　B. 不符合　C. 一般
D. 基本符合　E. 完全符合

(8) 知道自己想要什麼樣的人生，也敢於為自己想要的目標努力奮鬥，懂取捨。

A. 完全符合　B. 基本符合　C. 一般
D. 不符合　E. 完全不符合

第12題選擇A、B、C、D、E選項分別得分3、2、1、0、-1分，總計24分。

我的得分：＿＿＿＿

13. 精力範本

(1) 工作和生活中我準備了很多清單表格來提升效率，積累經驗。例如飲食、運動清單，工作中常用的郵件回覆範本等。

A. 完全不符合　B. 不符合　C. 一般
D. 基本符合　E. 完全符合

(2) 我有很多重要的原則幫助我做取捨選擇，很多事情自己有一套決策機制。

A. 完全不符合　B. 不符合　C. 一般
D. 基本符合　E. 完全符合

(3) 平時有意識地積累自己的模型，並不斷優化提升，知道模型的重要性。

A. 完全不符合　B. 不符合　C. 一般

D. 基本符合　E. 完全符合

第13題選擇A、B、C、D、E選項分別得分0、1、2、3、4分，總計12分。

我的得分：＿＿＿＿

滿分104分

【50分及以下】精力紅燈，精力不足，非常建議你系統學習精力管理。

【51～70分】精力黃燈，生活電量偶爾不足，建議學習，系統提升精力管理水準。

【71～90分】精力綠燈，代表精力水準還不錯，生活滿意度尚可，有優化的空間。

【91分及以上】基本是精力管理大師級的水準，可以持續保持，好好實踐。

本章小結

精力指一個人享受工作或者休閒時光的能力，也可以指對生活充滿熱情與活力的感覺。精力相當於手機的電池、汽車的油箱。電量越足，油量越滿，你才有能量去更好地工作和生活。

1. 自然狀態下，人在二十五歲到三十歲精力供給達到巔峰，然後開始走下坡路。但是過了三十歲，大多數人的精力出口卻在增加。當供給小於需求，精力就亮起了紅燈。

2. 管理精力，我們首先要管理好影響精力的幾個基本因素——體能、情緒、專注力、目標與熱愛。除此之外，如何分配和投資精力也至關重要。

第 2 章

照顧身體——增進體能等於擴充你的電量

2.1 體能是精力管理的基石

身體是精力的載體，如果不重視體能，精力管理就像大樹沒有了樹根，看似高大，實則一遇風雨就會栽倒；就像大樓沒有夯實根基，一遇到極端狀況就會坍塌。

然而，很多人卻把身體放在了最後一位。年輕的時候不在意身體，我是可以理解的，因為這時候體能最好，大多數人並不會感受到體能的制約。但一旦過了二十五～三十歲的巔峰期，如果不刻意練習，隨著代謝減慢，肌肉流失，記憶力下降，再伴隨精力出口的增多，我們就可能體會到體能不足帶來的種種問題。

有個學員跟我說，為什麼現在就不能像學生時期那樣一鼓作氣，連續熬幾天就能考個不錯的成績？現在年過三十的自己，備考時總有一種心有餘而力不足的感覺。我告訴她，是體能不足了，她才恍然大悟，原來自己已經不是那個二十多歲能連續熬幾夜的年輕人。

這些症狀你有嗎？

很多上班族都已經有了體能精力不足的表現，比如有些人會表現為「體弱多病」，平時總是一副疲倦的、無精打采的樣子，如果處於流感流行期，一定是最早「中招」的那一批人。生病期間，即使拖著疲憊的身軀堅持工作，也不能保證效率。所謂「病來如山倒，病去如抽絲」，即使病好了，精力也需要好幾天才能恢復。

還有不少人經常出現腸胃問題。大家常說，沒有什麼是吃一頓火鍋解決不了的，如果有就來兩頓。工作壓力大時，很多人的應對方式就是暴飲暴食，且大多「無辣不歡」，因為「辣」是一個最小的刺激迴圈，產生讓你感覺到「爽」的荷爾蒙。但是長期如此，腸胃負擔重，肥胖、皮膚長痘、便祕等問題層出不窮。

當然，失眠更是現代都市人不可忽視的問題。可能很多人都經歷過，工作一天很累了，但是晚上就是睡不著，大腦停不下來，需要借助外界的東西來轉移注意力，比如看劇、滑手機，滑一兩個小時才能讓自己的大腦進入瞌睡狀態。還有些人嚴重失眠，翻來覆去無法入睡。長期失眠帶來了神經緊張、焦慮、免疫力低下等一系列問題。

還有一種大家沒太注意的「病」，我稱之為「假期病」。記得剛工作的那幾年，有一次我手裡有個大專案，連續加班了十幾天，經常熬夜到兩三點鐘。等我經過漫長的努力，好不容易完成了這個專案，正好是國慶連假，我準備好好策劃一下，出去放鬆幾天。結果，假期第一天，病從天降，我開始拉肚子，旅行計畫就此泡湯了。當時我以為是巧合，後來發現，這不是偶然事件，因為這種情況出現了好幾次，都是努力衝刺一段時間後，一遇上假期或者休息，我要麼拉肚子，要麼感冒，還沒空想一想「詩和遠方」，身體就撐不住了。後來研究精力管理我才知道，其實這種「假期病」多數是由過度疲憊引起的。在你生病之前，身體已經給過你訊號，請求你停下來休息，但是由於你忙於工作，沒聽懂它的訊號，導致了最後的崩潰。這類人一般意志力都比較強，憑著自己強大的意志力和決心去強撐，但是一旦目標完成了，環境允許你放鬆了，身體裡積累的疲憊和症狀就會爆發出來。

在快節奏的今天，很多人都處於亞健康的狀態，拖著疲憊的身軀在各行各業拚命。偶爾我們還會聽到一些因為長時間加班而突然死亡的事例，令人心痛不已。

去ICU看看

即便如此，太多人還是會忽略我們的身體。因為身體的存在，就像空氣和時間一樣，幾乎沒有任何成本。每天睜開眼睛就有空氣，有自動充值的時間，身體已經準備好陪伴你完成這一天的大小事務，我們把這一切都當作理所當然。然而身體是一切的基礎，你的體能、精力相當於大樹的樹根，承載著你的情緒和思維，也是你生命狀態的呈現。我們很難在身體極差的情況下有好的心情。有些人知道要好好照顧自己，卻做不到。理由大多是太忙了、沒時間等。然而你做不到的真正原因，只是覺得這件事不重要，得來的太容易，而失去的代價又沒有看到。我也是一樣，以前覺得自己年輕，真是熬夜的一把好手。直到車禍之後經歷了幾年身體不健康的日子，才認識到健康的重要性。

在高鴻鵬[1]老師的課上有一個作業，要求我們去醫院的ＩＣＵ（加護病房）看看。去了的同學回來之後都表示對自己的身體更加重視了。我這幾年身體越來越好了，中間有段時間也有點「飄」，覺得夏天和啤酒烤串更配，吃得雜，睡得也晚。記得有一次要去醫院做核酸檢測，剛好被安排到了急診大樓的一個診室裡面，穿過長長的走廊，一路上看見各種各樣的病人，真是心驚膽戰，勾起我以前看病穿梭在醫院的回憶，讓我神經又一緊，之後我就「老實」了，重新好好照顧身體。

體能是樹根，承載著生命這棵大樹的成長，好好照顧自己，就是給這棵大樹輸送養分，只有根越來越發達，大樹才會越來越枝繁葉茂。我們要的事業、家庭、財富、子女，都是生

1：北京大學工商管理碩士，倡導終身學習，認為讀書是性價比最高的學習。著有《贏的見識與理性》、《讀書的秘密》。

命這棵大樹的枝葉或果實。只有養好樹根，供給好養分，才是根本。好好吃，好好睡，好好運動，關照身體，熱愛身體，就是為我們生命之樹供給養分的方式。

2.2 怎麼吃才健康、不胖又有精神

我對飲食的關注起源於剛剛工作時對我的老闆 Dougles · E. Dowen 的觀察。他每天中午只吃一個小小的三明治，即使最愛的餃子，也只吃幾個。當時五十多歲的他精力比我還要好，這引起我的極大好奇，開始研究飲食和精力的關係。

飲食與精力

飲食是如何影響精力的呢？不知道你是否留意過，本來吃飯前精力狀態還不錯，但是吃過飯之後，很容易犯睏，有人說中午飯後容易犯睏，其實早上和晚上飯後也會犯睏。如果你再細心一點會發現，不是吃所有的東西都犯睏，而是吃得多或者吃了某些特定的食物更容易犯睏。為什麼呢？

這裡就不得不提一下血糖和精力的關係。若想保持高精力值，就必然要保持相對穩定的血糖值。血糖低的時候，也就是我們餓得頭暈目眩的時候，自然是沒精力好好工作的。那血糖過高的時候呢？血糖快速飆升，就會導致胰島素加速分泌，使色胺酸進入大腦，而色胺酸是合成褪黑激素的原料。現在大家都知道，失眠的人可能會補充褪黑激素促進睡眠，那麼褪黑激素的分泌增加，自然就會令人犯睏。再加上飯後胃部消化食物需要消耗更多氧氣，大腦供氧減少，讓人更容易想睡。這是從短期看飲食對精力的影響。長期來看，「you are what you eat」（人如其食），你吃的食物中的營養素構成了身體的細胞、組織和器官，並維持它們的正常運轉。長期用垃圾食物還是健康有營養的食物餵養你的身體，必然導致你的精力水準有巨大差別。

食物營養素

我們具體要吃什麼呢？首先了解什麼是營養素。營養素是指為了維持生存、生長發育、體力活動和健康，以食物的形式攝入的一些身體需要的物質。簡單來說，就是碳水化合物、脂肪、蛋白質、維生素、礦物質和水。其中，碳水化合物、脂肪和蛋白質是三大基礎產能營養素，維生素、礦物質和水雖然不提供能量，但對身體的生理活動和健康也起到不可或缺的作用。

隨著人們對「肥胖」和「健康」的關注，大部分人對飲食都有了一些了解，網路上也經常流傳一些飲食方案，但是這些方案之間似乎總有一些相悖之處，尤其是提到碳水化合物和脂肪這兩種營養素的時候，爭議特別多。

碳水化合物：

很多人「談碳水化合物色變」，認為吃碳水易肥胖、衰老，容易導致高血壓和糖尿病等疾病。其實這些人混淆了複合碳水化合物和簡單碳水化合物。複合碳水化合物多存在於蔬菜、粗糧中，相對於簡單碳水化合物，分解為單糖進入血液的時間更長，因此更健康。簡單碳水化合物多為精製食物，如精白麵粉。種子本身含有種皮、胚和胚乳等結構，但經過加工，種皮和胚都被去除，只剩下胚乳部分，也就是纖維素、多種維生素和礦物質等營養成分都被去掉，精白麵粉中只剩下高能量、低營養的胚乳。所以，我們不是不吃碳水化合物，而是多吃一些粗糧、豆薯類等富含複合碳水化合物的食物，少吃精緻碳水化合物。我們平時可以多用粗糧代替部分精白米麵，增加複合碳水化合物的攝取量。常見的粗糧有一些全穀物類，如小米、玉米、高粱、燕麥、蕎麥、黑米、紅米等；還有一些根莖類，如馬鈴薯、芋頭、山藥、紅薯等。

脂肪：

提到脂肪，人們對它就更沒什麼好感了。但脂肪的存在對人體有重要作用：脂肪可以保護皮膚，避免皮膚過度乾燥，幫助身體吸收維生素，二十四小時做你的能量燃料，強化腦力等。世界衛生組織建議，脂肪攝取量應占飲食總熱量的三十％。

脂肪由脂肪酸構成，脂肪酸又分為飽和脂肪酸和不飽和脂肪酸。其中，不飽和脂肪酸是我們身體的好朋友。比如 Omega-3 脂肪酸可以保護我們遠離心臟病，防止老年痴呆症，提升大腦的效能。但我們要限制飽和脂肪酸的攝取，因為很多疾病都是由飽和脂肪攝取量過高引起的。但是要注意，我說的是「限制」，而非完全禁止。事實上，含碳量低於十的飽和脂肪酸基本上都能被人體利用，不但不會對人體健康構成威脅，還對維護人體健康起到必不可少的作用，比如丁酸對結腸和其他腸道平滑肌運動有顯著影響，可促進腸道蠕動。

此外，我們要嚴格控制反式脂肪酸的攝取。反式脂肪酸也被稱為部分氫化油脂，是經過加工的多聚不飽和植物油。反式脂肪酸沒有天然成分，對人體毫無益處，不僅不會被身體所識別，而且進入體內後極難代謝出去。反式脂肪酸常存在於人造奶油、植物起酥油、速食品等加工食品中，我們儘量少食用。

哪些食物中含有反式脂肪酸呢？洋芋片、蛋黃醬、糖果、沙拉醬、人造奶油蛋糕、炸薯條、曲奇餅乾等。目前食品包裝法要求，反式脂肪酸必須標注在包裝上，大家購買時要注意反式脂肪酸的含量。

吃什麼？

了解了營養素，我們來具體談一談應該吃什麼的問題。為了保證精力水準，建議吃低升糖指數（ＧＩ）的食物。什麼是升糖指數呢？它是指糖進入血液的速度或者餐後血糖上升快慢的一個指標。ＧＩ值越高，血糖升高得越快。當你吃太多高ＧＩ的食物，血液裡會快速釋放出大量的葡萄糖，伴隨著葡萄糖的釋放，你會變得困倦。同時，當血液中葡萄糖的濃度過高時，它會先跑去大腦和肌肉，如果我們肌肉不夠多，葡萄糖消耗不完，就直接轉換成了脂肪。當我們吃低ＧＩ的食物，葡萄糖釋放緩慢，更易保持血糖的穩定，因此更能保證精力水準。

低（≤55）	豆類、豆腐、花生、綠色蔬菜、多數海鮮和肉類、牛奶、蘋果、梨子、柳橙、堅果、優酪乳等。
中（56~69）	義大利麵、糙米、馬鈴薯、栗子、麥片、漢堡、燕麥麵包、葡萄乾等。
高（≥70）	綿白糖、煉乳、白米飯、饅頭、白麵包、小蛋糕、洋芋片、格子鬆餅、機能飲料、西瓜。

表 2-1　常見食物的 GI 值

※：整理自《中國食物成分表（標準版第六版第一冊）》，楊月欣，北京大學醫學出版社，2018。

怎麼吃？

知道了「吃什麼」，下面我們來說一下「怎麼吃」的問題。很多人中午吃完飯會覺得想睡、沒有精神、注意力難以集中，其實是吃的不對。八十％的人飲食量都大大超出身體所需。那具體該如何吃呢，提供以下幾個建議。

一、細嚼慢嚥

我們都知道要少吃，可是不知不覺就吃過量了，如果嚴格控制攝取量，還會感覺很痛苦，那麼如何吃得少，又不會感覺太痛苦呢？答案是細嚼慢嚥。我們平時吃飯太快，等大腦反應過來吃飽了，其實已經不知不覺吃撐了。如果吃得慢，嚼的過程會給大腦一個反應時間，自然而然就吃得少了。當然，剛開始你可能會不習慣，需要刻意練習一陣子。我最初一邊吃一邊數數，一塊肉咀嚼三十六下，一筷子蔬菜咀嚼二十下左右，等習慣了就不用數了。

細嚼慢嚥不僅僅可以控制飲食量，還可以更好地讓食物和口腔中的酶融合，減少腸胃的負擔。太多人因為吃飯狼吞虎嚥引起各種腸胃疾病了。我們能吸收多少營養不取決於吃了多少，而是能吸收轉化多少，還有是否能把不需要的物質及時排泄掉，這些都影響著我們的身體健康。細嚼慢嚥，可以幫助我們建立一個更好的腸道環境。

二、少量多餐及三餐配比

每餐吃到六七分飽就好。六七分飽大概是一種什麼感覺呢？大概是感覺不餓了，可吃可不吃，把食物拿走了不會感覺很失落。如果感覺胃裡滿滿的，那就是吃多了。什麼是多餐呢？是指除了一日正常的三餐，在兩餐中間，適當加一些零食。我們的精力受血糖高低的直接影響，血糖過高和過低都會導致精力降低。少量多餐是為了讓血糖基本保證在穩定狀態，以保持精力的穩定。

我一般早餐以水果、蔬菜為主，主食會少一些，因為想把早上最好的能量和狀態留給工作，而不是給腸胃。我晚上吃的主食比例會大一些，晚上一般不會安排太重的工作。

其實我最早研究飲食是在美國時，有很長一段時間都不吃麵食，但我發現到了冬天特別難堅持。後來我去做了專業的ＤＮＡ測試，和營養師溝通了解到，經過多年的進化，我們亞洲人是有一些對米麵的需求的，只不過比例不同，我還算是需求少的。所以我現在早中兩餐儘量少吃主食多吃蔬果，主食都留在晚上吃。

吃多少？

關於吃多少的問題，我放棄了按照體重和基礎代謝計算的方法。《中國居民膳食指南》

推薦的攝取比例是：碳水化合物五十％～六十五％，脂肪二十％～三十％，蛋白質十％～十五％。但是我很難做到那麼精準，畢竟我們提升精力水準是為了更好地生活，而不能像專業運動員一樣帶著營養師和廚師生活。

比較簡單易操作的方式，我簡稱為二一一餐盤法，即一個圓盤放三份食物，全穀物和根莖類植物占四分之一，瘦肉魚蝦蛋豆製品占四分之一，新鮮蔬菜占二分之一，其中深綠葉類蔬菜達到一半以上。

還有一個大腦最喜歡的「高配版本」：二十％的穀物＋五十五％的蔬果＋二十五％的蛋白質。這對很多人來講是有一些難度的，大部分人參考二一一餐盤法即可。

我的飲食安排

早上：我有時候會喝蔬果汁，也就是將蔬菜煮熟，然後打成汁。我以前直接拿生蔬菜打汁，但喝了總拉肚子，後來醫生建議我將蔬菜煮熟，之後就沒再出現拉肚子的情況。除了蔬果汁，再吃個雞蛋，偶爾來點芝麻糊。

中午：一般不是鮭魚就是牛排，烤一下或者煮一下，配點蘑菇和水果。下午運動前，會加一杯優酪乳。

晚上：有時候是用各種豆子煮粥，加棗和枸杞。有時候是味噌湯裡加各種蔬菜，可能會加一點雞胸肉或者豬肉。晚上碳水化合物會稍多一點，有助於睡眠。

Tips：你要知道吃多少大概能撐幾個小時。這對睡眠時間很重要，吃少了可能會餓得睡不著，吃多了影響睡眠。

關於零食加餐，分享一下我的懶人吃法。我一般選擇優酪乳、堅果、能量棒。一個能量棒吃兩～三天。如果我去打拳，運動強度大，就一次吃二分之一個；如果強度適中，就吃三分之一個。最懶的時候拿勺子去盛一勺花生醬當零食加餐。

關於飲食，綜合來講，大家三餐正常吃，量少一些，多吃低ＧＩ值的食物，多吃蔬菜和優質蛋白，少些精緻碳水化合物，細嚼慢嚥，三餐中間可以加點中、低ＧＩ值的零食，更有利於精力的穩定。

壓力與飲食

雖然我們知道了有助於精力提升的飲食是什麼樣的，但是對於很多人來講知道還是做不到。因為我們無法忽略的是心理上的影響，我們可能會因為情緒、壓力等問題暴飲暴食。比如很多人減肥，辛苦堅持了很久，最後卻敗在了情緒和壓力上。我們習慣了在壓力下吃東西，並且大多時候這種反應像自動駕駛一樣，是無知無覺的。你以為自己有很強的食欲，其實只是因為有壓力需要釋放。關於如何處理壓力和情緒，會在第三章詳細敘述。在這裡，希望你在壓力——飲食中間，多一分覺察，不要每次都自動反應，而是問一下自己：「我是真的餓，還是只是壓力導致的情緒性進食？」當你有了這個覺知，那麼下次就可以去處理壓力，而不是無意識地吃東西。

飲水

除了飲食跟精力息息相關，飲水也是常被大家忽視的一點。不管是人，還是地球上一切生命物質，都依賴於水。身體的五十%～七十%都是水，而且身體中的水約三分之二存在於細胞中，三分之一在血管、細胞間組織和器官內。水是運輸營養物質的載體，體內有再多營養物質，如果運輸不到合適的位置也是白費。因此我們一定要保證足夠的飲水量。

具體要喝多少水呢？建議每天每公斤體重三十三毫升水。比如你的體重是五十公斤，那麼就是一．六五公升。當然，這不是一個定數，因為我們身體需要的水不僅來自於飲水，也來自於食物，比如吃水果，喝湯，都是在攝取水分。我這裡提供的飲水量，是指白開水，並不包含果汁飲料或者酒等。

如何驗證飲水量是否充足呢？提供兩個小方法驗證：第一個是口渴程度，感覺到口渴必然是缺水了。記住永遠不要等口渴的時候再喝水，因為當你感到口渴的時候，身體已經缺水了。第二個是看尿液的顏色，顏色不可以太黃。一般早上起床時候，我們的尿液顏色是很深的，因為經過了一晚上的呼吸代謝，身體缺乏水分。所以，我早上起床都會先喝一杯溫水。這一點是被很多人忽略的，有的人早上起來，仍然感覺很睏，或許不是因為沒睡夠，只是因為缺水。我早上喝完一杯水，自己馬上就變得生機勃勃了，好像每個細胞都充滿了水分。當水分充足時，我們的眼睛、鼻子都會變得滋潤，嗓子也不會覺得乾巴巴的。

◇

以上就是對飲食和飲水的一些建議。飲食和飲水是體能精力的重要來源。吃得對、喝得好，我們的精力電池才能不斷擴充，才能為我們的工作和生活提供源源不斷的能量。提升精力，先從一餐一飲開始。

2.3 運動怎麼搭配，才能高效且能堅持下去

運動是很多人都想去做的一件事，不過能否堅持去，可就另當別論了。經常看見有的學員年初列了運動計畫，然而第一季還沒過，大家就彼此心照不宣，再也不提這個事了。既然運動那麼「難」，那麼我們為什麼一定要運動呢？

為什麼要運動？

首先，從進化的角度來看，我們身體結構就不適合久坐，我們的祖先是跑著追逐獵物和被獵物追趕的。其次，適當的運動可以增加我們的心肺功能和提高心臟的最大攝氧量。假設我們是一輛車，車的整體性能跟油箱的汽油燃燒有關，想讓汽油完全燃燒，需要充足的氧氣，而適當的鍛鍊可以幫身體獲取更多的氧氣，從而提升精力水準。此外，運動可以緩解焦慮和壓力，產生更多的神經元幫助我們變得更聰明，產生快樂因子，延緩衰老等。

神經科學家溫蒂．鈴木（Wendy Suzuki）的研究發現，鍛鍊對我們大腦的影響立竿見

影，只要做一次鍛鍊，立即可提高多巴胺、血清素和去甲腎上腺激素等神經遞質的水準，這會讓我們在鍛鍊後立即情緒高漲。運動還可以提高專注力和反應速度。長期堅持鍛鍊，可以改變大腦的生理功能。比如經常鍛鍊可以促進產生全新的海馬體細胞，還能改善長期記憶力。總之，運動是給大腦和身體充電和投資的絕佳方式，短期可以讓你的效率更高，長期可以保持甚至提升你的腦力和體能。

說完了運動的重要性，跟大家分享一些比較實用的運動建議。

小幅運動

首先，運動按照強度可以分為大幅運動和小幅運動。大幅運動，就是我們平時常說的比如跑步、皮拉提斯等運動。小幅運動，是指日常生活中花幾分鐘就可以做的運動，比如做幾個伸展動作或者活動一下僵硬的肌肉。現在飛機上也有一些宣傳小冊，建議大家在長途飛行中做幾個動作來伸展自己的肌肉和身體，這些都屬於小幅運動。往往很多人都忽略了小幅運動，其實小幅運動是很好的精力調節器。如果說睡眠和飲食是直接把手機插在原裝充電器上快速充電，那麼我認為小幅運動和小憩就屬於行動電源，可以方便快捷地補充電量。

我在一天裡每隔一段時間就會起來做點小幅運動，比如工作一個半～兩小時之後做頸部的米字操，有時候做眼睛保健操。我還特別喜歡一種運動——轉手臂，就是把兩個胳膊伸平然後順時針和逆時針轉圈，這個動作在活動肩膀的同時，能很好地把血液往心臟和腦部擠壓，快速讓大腦供血，提升精力值。這個動作是在美國時我的復健師教給我的，很適合長期久坐對著電腦工作的人。我由於長期對著電腦工作，有一點肩關節的筋膜沾黏，這就是五十肩的前兆，而這個轉手臂的動作可以很好地緩解肩關節筋膜沾黏。有的時候，我會趴在瑜伽墊子上做瑜伽中的蝗蟲式或下犬式。我的一個教練一稼老師分享了一種適合在家快速啟動自身狀態的小運動——假跑，就是原地保持腿部的固定，上身跑步，這個動作可以快速啟動自己的心肺。以上這些小幅運動，就是我最常用的小幅運動組合，這也是讓我的精力曲線一直能維持在較高水準的核心小祕密。

列舉幾個其他常用的小幅運動：

（1）飛機坐久了，我會做一些下肢動作。第一種，身體坐立，先使勁勾腳，然後再用力壓腳背，反覆幾次，可以很好地拉伸下肢，促進血液循環。第二種，把一條腿放在座位上抱一下，讓腿和胸貼起來，然後換另一條腿。

（2）拉伸手臂和肩膀的動作：右手臂伸直放在胸前向左邊伸展，然後左手臂彎曲手肘，壓住右臂，讓右手臂貼近你的身體，然後再換手反方向運動。

（3）轉舌頭：舌頭貼住牙齒，順時針方向轉十五圈，再逆時針方向轉十五圈，這對於提升體能精力特別有效，因為舌頭的神經是非常敏感的，它連著大腦且從距離上來講更近，比如吃飯的時候不小心咬到舌頭都會覺得特別疼。

大幅運動

日常生活中要提升精力水準，光有小幅運動還不夠，需要配合大幅運動。大幅運動按照心率強度可分為三種類型：

低強度運動——達到最大心率的五十五％～六十五％；

中等強度運動——達到最大心率的六十五％～七十五％；

高強度運動——達到最大心率的七十五％～九十％。

最大心率的通用演算法是用二二〇減去你的年齡，比如我今年三十三歲，那麼我的最大心率就是 220-33=187（次／分鐘），我的中等強度運動的心率區間是 187×65%~187×75%，即 121~140 次／分鐘。

還有一個分類方式是根據主觀疲勞感，也就是靠自我感覺，這是我最常用的方法，疲勞度從〇到二十，如果十一是輕鬆，十五是費力，那你的運動量在十二到十四這個區間，既不輕鬆，難度又在可接受範圍之內，這個強度就是比較合適的，我平時大部分時間都在這個區間運動。

世界衛生組織針對十八～六十五歲成年人給出的運動推薦量是，每週至少做一百五十分鐘中等強度的有氧運動。如果說一次五十分鐘，則一週至少三次。

那麼問題來了，對於很多人來講，就算懂得再多運動的知識，可是要麼沒時間，要麼沒毅力，運動總是堅持不下去，怎麼辦呢？

如何安排你的運動？

對於運動小白或者運動困難症患者而言，第一目標就是動起來，在這個時候可以請教練來逼自己一把，順便學習一下老師運動的「套路」，比如訓練的順序、每個部位訓練的組數、用什麼器材、強度多大。後面就可以自己訓練了，不然剛開始有牴觸情緒，也不會用健身房的器材，阻力太大，很難啟動。

還有一種是可以從自己喜歡的運動方式入手。比如我建議一個學員從跳舞開始，她平時就很喜歡看唱歌跳舞的影片，自從開始跳舞，不愛運動的她越跳越開心，越跳越自信。我還建議一個學員去打拳，因為她的工作壓力非常大，而且對自己的身形有不滿意的地方，打拳就很適合她。

對於有運動基礎的同學，如果工作或生活上精力消耗比較大，我建議中等強度或者低等強度就好，週末休息的時候可以加一些高強度訓練。我一般是週六進行高強度的訓練，但最多也就達到最大心率的七十五％左右。運動生理學家發現運動時心率達到最大心率的六十％，身體才開始消耗脂肪，但是當達到最大心率的七十五％以上，身體在消耗脂肪的同時也開始消耗肌肉了，所以說運動的強度非常重要。我一般也不會在週日進行高強度運動，因為第二天可能渾身痠疼，影響週一的工作。建議經常出差的人找幾組運動Ａｐｐ上的徒手運動跟著訓練。

值得注意的是，運動效果符合邊際效用遞減規律，簡單來說就是身體有記憶了以後，原來的強度對你的功效就沒那麼大了。那要如何應對呢？有兩種方式，要麼增大強度，要麼換別的運動方式。我自己就練過皮拉提斯、禪柔、游泳、拳擊、健身房器材組合、瑜伽、ＴＲＸ（懸吊式阻抗訓練）、Zumba（尊巴）、街舞等各種運動的類型。

其中，跑步、拳擊、Zumba、街舞、ＴＲＸ、游泳，這些我稱之為動態運動；皮拉提斯、禪柔、器材、瑜伽等我稱之為靜態運動。根據美國運動醫學協會給出的健康體適能評測，體能精力與身體成分組成、肌肉力量、肌肉耐力、柔韌度、心肺功能五個方面有關。動態運動會對心肺功能的訓練、身體組成更好，而靜態運動則會對柔韌度、肌肉耐力、肌肉力量更有側重。所以我的結論是，平時動態運動與靜態運動結合更好。

值得注意的是，各種運動前都需要熱身，運動之後做適當的拉伸和放鬆。如果你不想要特別強的肌肉感，自己專業知識又不多的時候，一定提前和教練溝通，明確自己的需求。

以上就是我給出的一些運動方面的建議。我並非運動專業出身，只是在車禍後的康復過程中，遇到了無數專業的醫生和教練，在運動上花了很多心血。在此基礎上，我總結了一些經驗和感悟，供大家參考。運動是提升精力水準的重要途徑，小幅運動可以幫助我們隨時隨地充電，而大幅運動可以幫我們擴大電池容量。大幅運動與小幅運動結合，動態運動與靜態運動結合，是改善精力的絕佳組合。

2.4 科學睡眠，大腦才能高效工作

現在人面臨著諸多睡眠問題，首先是時間上的縮減。《中國睡眠研究報告二〇二二》指出，中國人均睡眠時間相比十年前縮短近一．五小時。再者是睡眠品質的降低，這種情況你可能不陌生：工作一天很累了，但是晚上就是睡不著，忍不住想看手機，看一兩個小時才能讓自己的大腦進入瞌睡狀態。更嚴重一點的，翻來覆去睡不著，失眠。第二天，疲憊、焦慮、無精打采……長期下去，免疫力下降，情緒也易怒易煩躁。

睡眠的作用是難以被替代的

睡眠佔據了人生命三分之一左右的時間，是我們生命旅程中不可忽略的一部分，然而太多人不重視睡眠，或者說根本不懂如何正確睡眠。其實睡眠是精力的重要加油站之一，並且它的功能是難以被代替的。當我們處在睡眠中時，身體的新陳代謝降低，疲勞被消除，體能精力得以恢復。這也是身體器官休息的好時機，身體的各個系統都會在睡眠期進行自我修復，以幫助我們增強免疫力，延緩衰老等。其實睡眠對大腦也有重要意義，睡眠時大腦會整理白天的資訊。德國盧貝克大學研究人員在《自然—神經學》（*Nature Neuroscience*）發表的研究報告顯示，睡眠有助於將短期記憶轉化為長期記憶，睡眠充足可以提升記憶力、理解能力等。因此，對於腦力工作者，壓縮睡眠是非常不明智的做法。

睡眠的真相——睡眠週期

在了解如何睡之前，我們先了解一下睡眠週期。人們正常的睡眠週期可分為兩個時期：非快速動眼睡眠期（NREM）和快速動眼睡眠期（REM）。NREM與REM交替出現，交替一次為一個睡眠週期，兩種循環往復，每夜通常有四～五個睡眠週期，每個週期九十～一一〇分鐘，但這個時長是因人而異的，有的睡眠週期只有六十～七十分鐘。我相信大部分人早上都是被鬧鐘叫起來的，因為要趕在幾點之前起床送孩子上學或者上班等。但我不是，我會儘量讓自己自然醒。因為人在非快速動眼期的深睡期被叫醒是非常難受的，醒來不但難以清醒，嚴重了甚至有頭昏腦脹的感覺，還容易情緒不佳。如果在快速動眼期自然醒來，就會感覺很舒服並且頭腦很快能清醒。建議大家在週末去測試和記錄一下，自己自然睡醒需要多久，然後倒推出自己的上床睡覺時間。比如說，我早上要七點起床，經過記錄，我冬天要睡七·五小時左右，那麼我會在前一天晚上十一點之前上床睡覺。這樣基本不用鬧鐘就能在六點半自然醒。如果你擔心睡過頭了，也可以定一個七點的鬧鐘作保障。只要你計算好入睡時間，保證規律的睡眠，一般都能在鬧鐘響之前自然醒來。

這裡可能有人會有疑問，說如果自己不定鬧鐘，會一直睡下去，一次能睡十多個小時。這種情況可能是你嚴重缺覺了，身體在自動補覺。建議你找一段時間充分補足睡眠，然後再去測試自己的睡眠時長，這樣會比較準確。

生理時鐘

你會不會好奇，有些人很容易保持早睡早起的作息，而有的人則是夜貓子，越晚越有精神，想睡都睡不著。為什麼呢？因為各自的生理時鐘不同。

什麼是生理時鐘？它是你的作息時間表，象徵著激素和酶的消長，也是一天二十四小時之中的變化迴圈，相當於你每天身體的使用說明書。每個人都擁有自己的生理時鐘，如果你違背自己的生理時鐘會有什麼後果呢？我之前就有過一段慘痛的經歷。

我記得有段時間，看到很多朋友都是四五點起床的，我瞬間感覺壓力爆棚——畢竟，我是個研究時間和精力效率的教練，怎麼能輸在起床這件事上呢？於是，我試圖把鬧鐘一點點調早，滿心歡喜地早起閱讀、學習。第一天我就發現，早上八九點的時候我會異常疲憊，彷彿大腦在說：我累了，我不想工作。而此刻的床，對我充滿吸引力。甚至有一天，我看下一輛公車還有十幾分鐘，便把自己「鋪」在床上躺了一會兒，當我的身體接觸到床的一剎那，由於引力過大，我瞬間就睡著了……大部分時間，我都是拖著疲憊的身體去上課，頭腦昏昏沉沉，老師在黑板上寫的公式和文字都好像是催眠符號，一節課聽得稀里糊塗。直到下午一點下課，我才覺得腦袋從休眠到了半開機的狀態。為了改善這種狀態，我曾試圖在上午八九點鐘加一段運動或者是喝一杯咖啡，效果都不太好。

我統計了一下，早起之後的工作量跟之前的相比，並沒有飛躍式的增加。雖然每天多了一段工作和學習的時間，但是腦袋是半睡眠狀態，只能用來逗貓和洗衣服，就連給我媽打電話她都嫌棄。

後來我才意識到，我這是「作息失調」了。生理時鐘是我們身體激素狀態水準配合各種工作的使用說明書，生理時鐘相當於我們的最佳表現時間表，而我強迫自己早起，相當於背離說明書，有這種表現也就不奇怪了。

如何了解自己的生理時鐘呢？美國著名睡眠專家麥可・布勞斯（Michael Breus）有一套成熟的測試體系。你可以去看他的書《生理時鐘決定一切》[2]，或者去我的公眾號（Luna 高級精力管理教練），在對話方塊輸入「生理時鐘」進行測試。

一個人的生理時鐘會根據年齡的變化而變化。各年齡層的生理時鐘對應類型，請參考表2-2。

這個表一定準確嗎？並不是。跟大家講個我自己的故事。我覺得自己是個成年人，應該是熊型吧？可

2：《生理時鐘決定一切！找到你的作息型態，健康、工作、人際，所有難題迎刃而解》（*The Power of When*），〔美〕麥可·布勞斯（Michael Breus），圓神出版社，二〇一七。

3：麥可·布勞斯在其著作《生理時鐘決定一切》，將人分為四種類型：

- 獅型：早起，早上最有生產力，到了下午或傍晚疲勞感漸升，容易入睡。
- 熊型：會賴床，早上近中午時最有生產力，晚上九點到十一點多開始感到疲勞，總是覺得睡不夠。
- 狼型：早上九點以前起床很困難，會整個上午都昏昏沉沉的，中午之後到深夜最有生產力，時常到了半夜也不累。
- 海豚型：淺眠，睡醒也不會感到神清氣爽，容易有疲勞感，晚上才會感到警醒。

新生兒	狼型
幼兒	獅型
學齡兒童	獅型／熊型
青少年	狼型
成人	熊型
老年人	獅型／海豚型

表 2-2　各年齡層生理時鐘對應類型 3

實際情況是，有一段時間我堅持健康的生活方式，輕斷食、吃有機食品、閉關學習、不與外界聯繫，嚴格遵守熊型作息規律……可惜，現實給了我一巴掌，足足折騰了一週，每天的狀態並不理想。直到我重新調回狼型作息，才恢復到滿格精力。

後來我請教了一些專家老師才知道，原來這和人的生理代謝年齡有很大的關係。我的生理代謝年齡長期在十三歲—十五歲—十九歲之間遊走，所以是狼型也不足為奇。

確定了自己的類型之後，就一定完全按照建議睡眠作息來嗎？當然不絕對，畢竟我們可能要上學、上班、出差、接送孩子，並不能完全自主安排。只能說按照生理時鐘安排相當於在你的主戰場作戰，可以幫你贏得漂亮，但是特殊情況下也可以小幅調整。

關於睡眠的一些建議

除了注意睡眠週期和生理時鐘，還有一些睡得更好的小建議。

（1）床只是用來睡覺的，沒事別上床。在潛意識裡訓練自己：只要一躺在床上，我就能睡著。我如果在床上翻來覆去了十五分鐘還沒有睡著，就直接起來看書。現在很多人的問題是睡前躺在床上看手機，醒後起來先看會兒手機，即使半夜醒了也要看幾眼手機。這樣會給潛意識一個混亂的指令，你甚至會形成一種慣性：躺在床上不看一會手機，好像就缺少了點什麼。我的建議是，如果你睡前或者醒後一定要看手機，換個地方看，比如去沙發上，而不是直接躺在床上。

（2）儘量堅持每天在同一個時間上床，形成規律，讓自己每到這個時間就很容易入睡。

（3）睡前遵循一套固定的睡眠流程。我每晚睡前的流程為：

1）接好泡腳水並加熱，然後去洗臉刷牙；

2）回來泡腳，回覆訊息，然後放下手機；

3）冥想三十分鐘，如果時間比較晚，我會在床上做呼吸訓練（四七八呼吸法，吸氣四秒，閉氣七秒鐘，然後呼氣八秒），專注在呼吸上，之後很快就睡著了。

（4）睡前的一．五小時不做讓自己神經興奮的事情，如工作、看電影、看小說、跟人爭辯等。你可以整理一下房間，準備明天要穿的衣服，或者看一看相對「平淡」的書、洗漱、泡腳等。美國史丹福大學睡眠研究中心的報告中指出，人在入睡的前九十分鐘是黃金睡眠時間，甚至可以決定你當晚整體的睡眠品質。因此，提前讓自己的神經平靜下來，對於快速入睡以及入睡後的睡眠品質都非常重要。

（5）如果你晚上運動會興奮，那麼建議避免晚上運動，改成早上或者下午運動。

（6）晚餐適當減少攝取量，並且不要太晚吃。

（7）可以用一些助眠的白噪音或精油。

(8)白天晒一晒太陽，晚上睡眠更佳。

(9)電子設備最好不帶入臥室，減少熬夜的情況，因為人們太難抵禦手機的誘惑，並且手機的藍光會抑制褪黑激素的產生。不過這一點是很多人難以做到的。很多時候明明很睏了，但是依然不願意放下手機。我的學員中有一些寶媽，她們說，「我熬的不是夜，是自由。」這其實是「心理性晚睡」，因為白天沒有時間放鬆，在睡前感覺有壓力或者不甘心，於是抓住最後這一點自由的時光，靠看手機來做一些補償。對此，我的建議是，白天最好主動留出一些「自由看手機」的時間，減少這種代償。其實我偶爾白天太忙了，睡前也會想玩手機放鬆一會兒再睡，但是前提是，第二天我不必在某個時間點起床（保證留有充足的睡眠時間），並且我有相對好的自控力，不會一看手機就停不下來。

小憩

晚上的睡眠很重要，中午的小憩也不可忽視，我認為這是一個低成本但收益頗高的精力提升方法。人早上醒來五～七個小時後會經歷一個疲勞期，這個時候就是小憩的最佳時機。美國國家航空暨太空總署（NASA）做了很多有關打盹的實驗，發現小睡二十五分鐘，就能讓判斷力提高三十五%，機警能力提高十六%。當然，下午三點之後就不建議小憩了，可能會影響晚上的睡眠。中午一般睡三十分鐘左右就好，儘量不要超過三十分鐘，因為超過三十分鐘容易進入深度睡眠狀態，這個時候被叫醒可能會適得其反。不過要是週末集中補眠就另當別論了，可以考慮睡一～兩個睡眠週期。

保證睡眠是提升體能精力的基礎環節。我們可以根據睡眠週期及生理時鐘確定自己的最佳入睡時間和睡眠時長，透過合理安排睡眠流程、飲食、運動等方面來保證睡眠品質，透過午間小憩在白天補充精力。只有掌握了科學的睡眠方式和方法，才能為精力滿滿的一天打好基礎。

2.5

你真的會呼吸嗎？

提起體能精力，很多人都會想到飲食、運動、睡眠，但往往忽略了呼吸跟精力的關係。因為人們對呼吸太習以為常了，平時它沒什麼存在感，等到感冒鼻塞了，才意識到呼吸對人體是多麼重要。

呼吸的意義

呼吸是什麼呢？呼吸是把一股氣流送到肺中，透過肺來提取其中的氧氣，排出二氧化碳。每一次呼吸，都是一個吸入氧氣呼出二氧化碳的循環。這是一個淨化血液的過程，透過呼吸，血液將氧氣送到全身，供養你的大腦和其他器官。

氧氣為細胞呼吸提供材料，而細胞產生的三磷酸腺苷能為你的一舉一動提供能量。所以，有時候你感覺委靡不振，不妨去室外呼吸新鮮空氣。如果晴空萬里，可以在陽臺上打開窗戶，做個呼吸訓練。想擁有足夠的氧氣，通風很重要，平時在辦公室，定時開窗通風，讓空氣流動起來，讓身體得到更多的氧氣，讓細胞獲得更充足的能量，從而提升你的精力水準和表現。

很多人覺得，呼吸不就是簡單的一呼一吸嗎？還能有什麼學問？並非如此，一個好的呼吸技巧，能幫助我們放鬆身體，連接身體和意識，對於應對焦慮、壓力、甚至緩解高血壓都非常有益。當我們壓力特別大的時候，去做幾次深呼吸，就可以緩解壓力，因為呼吸可以直接調節我們的交感神經和副交感神經的工作。練習瑜伽、太極、冥想、打坐等，深呼吸也是不可缺少的，除了緩解壓力，深呼吸也是提高精力的有效方法。接下來，我將介紹一些有用的呼吸訓練方法。大家可以刻意訓練自己的呼吸方式，時間長了，養成習慣，對於提升精力有非常重要的作用。

腹式呼吸

什麼是腹式呼吸呢？相對於胸式呼吸中吸氣時的橫膈膜向上，腹式呼吸吸氣時橫膈膜向下移動，腹部隆起來，吐氣時腹部凹下去，這種呼吸方式更深、更徹底，能吐出更多停滯在肺底部的二氧化碳（見下一頁，圖 2-1）。

有些人天生習慣腹式呼吸，有些人則需要刻意練習。剛開始練習時，直立或躺平都可以，確保全身舒服放鬆，但不能因為放鬆而塌腰（相對而言，一開始躺著訓練容易一些）。呼吸時，一隻手放在胸部，一隻手放在腹部，像平常一樣呼吸，觀察胸部和腹部的起伏。吸氣時如果腹部鼓起，胸部仍保持原狀，那麼你的呼吸方式是正確的。如果胸部比腹部起伏還大，那麼你需要調整呼吸，想像用腹部吸氣，同時胸部保持不動，將你的胸式呼吸變成腹式呼吸。大家要堅持練習，把握一切可以練習的機會，比如排隊、打電話、開車、堵車的時候都可以見縫插針地練習，慢慢就可以養成習慣。

高效學習呼吸法（一：四：二呼吸法）

第二種呼吸方法可以幫大家提高肺活量和細胞攝氧能力。這種方法在室外更好，我自己

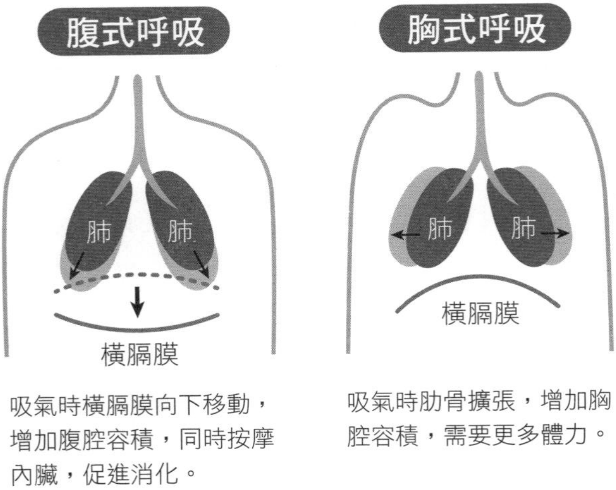

吸氣時橫膈膜向下移動，增加腹腔容積，同時按摩內臟，促進消化。

吸氣時肋骨擴張，增加胸腔容積，需要更多體力。

圖 2-1　腹式呼吸

大多是早上在室外練習。首先站直，然後開始吸氣四秒，屏氣十六秒，吐氣八秒，核心關鍵是吸氣、屏氣、吐氣之間的時間比例是一：四：二。十個一組，每天連續做三組。不過剛開始時，有的人可能會覺得胸悶，原因多是平時多胸式呼吸，不會觸碰到橫膈膜，而這種腹式呼吸橫膈膜會向下走。所以剛開始用自己能接受的時間慢慢來練習。比如從吸氣兩秒或者三秒開始，逐漸增加時長。我見過一個堅持長期跑步的學員可以吸氣十秒。

四—七—八呼吸法

這種呼吸法，是吸氣四秒，屏氣七秒，呼氣八秒，我一般在情緒低落或者有壓力的時候會用，它可以迅速幫我平靜下來，或者在一項工作結束後，用這個呼吸方法放鬆一下。我每天用這個呼吸方法入睡，速度很快。

◇

呼吸方法有很多，這幾種是經過我驗證的簡單且高效的方法。呼吸訓練沒有複雜的條件限制，幾乎隨時隨地都可以進行，功效卻不容小覷，是我非常推薦的提升精力的方法。

2.6 如何讓身體一鍵重啟？

有時候，我長時間加班積累了一身的疲勞，又或者生了一點小病，即使康復了也不能馬上恢復到原來的精力水準。我就在想，有什麼辦法能像電腦一鍵重裝系統一樣，重啟自己的身體呢？直到有一天，我看到一個影片「輕斷食挽救生命」，裡面講了輕斷食的神奇作用。雖然它不能讓我的疲勞一掃而淨，也不會讓生病的我馬上痊癒，但是它的神奇功效依然引起我的強烈興趣。

細胞自噬理論

於是我開始去查閱相關資料，由此了解到，諾貝爾生物醫學獎得主伊利亞·梅契尼可夫（Élie Metchnikoff）在研究海星幼體的發育時，發現了胞噬作用的存在，他提出了一個在當時相當激進的理論，認為白血球能夠吞沒並摧毀有害的生物體，例如細菌。後來，日本的科學家大隅良典在此基礎上提出了細胞自噬理論，也就是細胞在饑餓的時候，會把自己體內無用或者有害的物質分解掉，以提供自己生存所需要的能量。也就是說，讓細胞處於饑餓的狀態下，就有機會啟動這個「清理」過程。另外我還了解到輕斷食的一些好處，比如可以降低體脂率、緩解疲勞、提高精力值等，於是我就找了老師，在老師的帶領下嘗試輕斷食。

如何輕斷食？

記得我第一次嘗試輕斷食只有三天時間。老師要求我們一天吃熱量不超過八百大卡的食物，只吃水果、蔬菜和玉米，喝一點優酪乳。我第一天餓到看見什麼吃的都想往嘴裡塞。第二天因為不用工作，就滑滑手機，看看電視劇，感覺好受了一點，第三天就感覺好多了，覺得自己的身體輕鬆和舒服很多，也因為看到了勝利的曙光，堅持得更容易一些。就這樣，我體驗了第一次輕斷食，這次算是一個成功的體驗，精力水準真的提升了一大截。

後來我開始研究各家各派老師的輕斷食方法，這些方法在時間長度以及飲食內容上各有差異。輕斷食在沒人指導的情況下是有一定風險的，因此我這裡只介紹兩個大家自己實踐相對安全和容易的方案。必須說明，有一些特殊人群，比如貧血、低血壓、低血糖患者等體質虛弱的人，高血壓、糖尿病患者，以及未成年人、孕期和哺乳期的女性，不適合輕斷食。

方案1：每天飲食的熱量控制在八百大卡以內，以果汁、蔬菜為主，實在太餓的話，補充一點玉米，持續三天。

方案2：半斷食，即吃你平時食量的一半，不計較葷素，持續三天。

我自己的體驗是，半斷食這種方式堅持下來更容易一些，因為有一些蛋白的攝取。以蔬果為主的八百大卡的輕斷食，效果會更好一些。

特別要注意的是，在斷食時一定要給身體一些適應的空間。什麼意思呢？比如我週五、週六、週日三天輕斷食，那麼週四的時候，就不要暴飲暴食，大魚大肉把胃撐「爆」，然後到了週五驟然輕斷食。又或者週日輕斷食結束後，週一馬上大吃一頓補償回來。很多人都會有這樣的「補償心理」，但這對胃的傷害是很大的。我有一次自己輕斷食後，正好遇上跟朋友聚餐，沒忍住多吃了點，當天就胃疼起來。那應該怎麼做呢？你可以週四的時候就比平時少吃四分之一的量，並且注意清淡飲食。輕斷食結束後的第二天，也是先增加四分之一的食物，讓胃一點點適應。就像給自己的胃搭建了一個斜坡，可以穩穩地向上和向下，而不是懸崖陡壁，一不小心就摔個跟頭。

還有人會問，如何將熱量控制在八百大卡以內？其實現在有很多計算熱量的手機App（比如MyFitnessPal、Cofit等），只要輸入自己的食品種類和數量，即可大概計算出熱量。這個時候選擇食物就很重要了，雖然主要以蔬果為主，但是也要注意品種，首先避免高糖的水果，比如你吃了幾顆荔枝之後，熱量就超過八百大卡了，接下來的時間就會很難熱，所以儘量選擇低熱量、高飽腹感的食物，讓自己在輕斷食的時候沒那麼難受。半斷食的話，雖然不控制飲食類型，也要注意，儘量避免蛋糕、曲奇餅乾等高熱量食物以及重油重辣的食物。

為了能夠讓自己更好地堅持，你也可以找同行的夥伴互相鼓勵。在我的課堂上，我會帶領學員進行兩週的輕斷食，大家互相鼓勵，是可以堅持下來的。有的學員自己嘗試，就很難堅持下來，所以氛圍很重要。

以上就是對輕斷食的介紹，這是一個讓我們的身體「一鍵重啟」的快捷方式，有興趣的朋友可以找個週末嘗試一下，第一次建議夏天進行，會比冬天更容易一些。

2.7 製作你的身體使用說明書

如果我們買個電子產品或家用電器，比如藍牙耳機或者電冰箱、洗衣機，都會附一份使用說明書，我們會根據使用說明書來使用和保養機器。然而，作為我們身體的終身使用者，你有自己的身體使用說明書嗎？

並且，我們每個人都是獨特的機器，除了一些共性的規律，我們還有非常個性化的部分，我們的基因不同，習慣不同，喜好不同。因此，你沒有辦法找到一個「有標準答案」的身體使用說明書，而是需要你自己去觀察、記錄和體會，去得到自己的身體使用說明書。那麼如何製作自己的身體使用說明書呢？

身體使用說明書包括的內容是多方面的，因為身體可以說是世界上最複雜的「機器」，因此這是一個複雜又精細的工作。但是有一些在精力方面的「關鍵指標」是我們可以特別注意的。

知道自己的極限

製作身體使用說明書的第一點，是需要知道自己的極限在哪裡。一般產品都會有一個出廠測試，測試這個產品可以連續工作的最大時長或者最大承載量。比如一臺洗衣機，說明書會告訴你這臺洗衣機可承受的最大重量。當我們租車的時候，車上有疲勞駕駛提醒，如果兩個小時沒休息，就會自動提醒你休息。其實人也是一樣的，人的身體也有自己的承受極限，你需要在這個極限內使用自己的身體。

我會比較注重三個方面的極限，分別是連續工作的極限、身體運動的極限以及飲食的極限。如何知道自己的極限，這些都是從「經驗」得到的。有些人喜歡主動挑戰自己的極限，去測試自己的極限，而我大多是從被動經歷中找到了極限。

一、連續工作的極限

在二〇一九年十二月底畢業之前，我的工作和學習的強度是非常大的，每天工作和學習的時間不會少於十個小時。那時候我既是一個全職研究生，又要工作，還兼顧一系列的線上學習。到了期末考試的時候，作業和工作多到我完全沒有週末的概念。記得二〇一九年六月，我的最高紀錄是連續二十一天無休息，每天工作和學習的時間大於十小時。當時考完試以後，我怎麼都不想動，雖然考試完還有工作要做，可是我就是不想幹，只想躺著，偶爾在家擼個貓或者看看劇。我大概就這樣在家躺了十天，才恢復了正常工作。這次經歷讓我記住了，我的最大極限就是連續工作二十一天，每天十小時。一旦超過這個極限值，代價非常大，修復後再重啟是非常耗能的。

就像一部手機，還剩一點電量的時候，你給它充上電，還可以繼續使用，但是如果把電量耗得乾乾淨淨，則需要一些時間才能重啟。這次我還算幸運，只是「躺平」了幾天，如果我當時身體素質不夠好，很可能就會出現前面說的「假期病」。

知道了這個極限之後，我現在就不會再讓自己超越這個極限。即便我工作很忙，每隔十天或者兩個星期，我也會強行給自己按一個「暫停鍵」。現在我慢慢形成了一個小習慣，每個月的十五號我會偷個懶，什麼都不做。實在不方便，就前後錯開一兩天。每個月的月底三十號或者三十一號，也會強行給自己按暫停鍵。

我會透過這種方式主動調節，避免碰觸極限，而不是等到身體已經感覺到明顯疲憊或者「崩潰」的時候再去調整，那時候已經太遲了。

二、運動的最大極限

之前我去參加了一個很有挑戰性的訓練營，意外知道了自己的運動極限。當時我並不是想去做運動極限的測試，只是單純想提升心肺功能，增加自己的體能，讓精力更好一些。這是一個減肥減脂營，裡面的人的體重基本是我的兩倍，無論是有氧還是力量訓練，強度都非常大，甚至可以說到了殘忍的程度。誇張到什麼程度呢？我那時候下了課開車回家要十五分鐘的路程，如果遇上當天訓練肩頸背，我的手臂會一直抖，放在方向盤上的手也是疼的。我一般先坐在車上休息二十～三十分鐘，讓心跳慢慢恢復正常才敢啟動開車回家。坐在車上的那二十多分鐘裡，我連看手機的力氣都沒有，唯一做的一件事就是「喘氣」。

透過這次「被虐」的經歷，我知道，這個強度就是我的極限了。因為當我訓練完後，第二天的精力大不如前，渾身疼痛。當時訓練了十四天，每天都疲憊不堪，身體的大部分能量都用來恢復了，完全體會不到精力有任何提升。當然，過了這個階段，我會發現自己的運動能力、心肺功能、精力水準都有了不錯的提高。當時上課的老師也提到了，這種強度的訓練是有一定的挑戰甚至是危險的，不建議一個人在家訓練。我透過這次訓練學到了重要一課，一定要知道自己的運動極限在哪裡。只有知道了你的極限運動量，你才知道如何去安排自己的運動。比如在工作繁忙的階段，一定不要超過極限值，否則你的精力短時間內會大幅度下降，影響工作進程。這個運動的量是因人而異的，你可以給自己時間去體驗和探索自己的運動極限在哪裡。

三、自己的飲食極限

我一般都吃七分飽，如果吃到八．五～九分飽，我的胃就會非常難受。記得小時候吃撐過一次，爸媽給我吃了大山楂丸，我還是撐得躺不下去，坐著睡了一夜。從那之後，我就明白了自己能吃幾碗飯。除了吃的量，另一個極限是吃辣。以前在國外，大家來自世界各地，每次聚餐都難免有辣的東西，我也會跟著吃一些。但是，如果全部食物都是辣的，我的胃就會不舒服，慢慢我就知道了自己對辣的極限在哪裡。我不能吃純辣的東西，在吃辣之前先吃些碳水化合物就會好很多。經過多次嘗試，我現在很清楚地知道，自己對辣的極限就是老乾媽（油辣椒、辣醬風味食品品牌）那個程度的辣，再多一點我的胃就會「反抗」。除了辣，「冷」也是值得警惕的，吃了冷的東西我的胃也會「反抗」，因此除了在夏天，我是不會碰冷的東西的。

◇

以上就是幾個關鍵的「極限指標」，你要知道自己身體的使用範圍在哪裡，在你的承受範圍內去工作。

生病復盤

建立身體使用說明書的第二點，是生病復盤。嚴格來說，我的生病復盤，也不全是生病，每次身體不舒服，我都會做一個復盤，如表 2-3 所示，大家長期去記錄，你就會知道自己的身體在什麼情況下會生病，有什麼前兆訊號。因為很多病都是有規律的，當你提前看到訊號的時候，就可以去干預和調整。

透過長期記錄，我知道自己一旦「上火」就比較危險。大多數情況下，我最開始的上火反應是便祕，如果再有些壓力，睡眠

日期	2019/12/12
病症	咳嗽，流鼻涕，感冒
持續時間	7 天
採取措施	第四天開始喝川貝枇杷膏
生病期間睡眠時長	8 小時
精力恢復日期	2019/12/22
哪天開始排便不正常	2019/12/10
作息飲食是否規律	是
睡眠是否充足	不充足
近期是否有壓力或情緒	有壓力

表 2-3　生病復盤表

不足，接下來就開始嗓子疼，然後咳嗽、流鼻涕。後來我對這套流程越來越熟悉，基本上得到「便祕」的訊號的時候，就開始調整飲食和睡眠，只要睡足了，基本就不會有後面的症狀，就算有了一點症狀，也能很快恢復過來。

觀察早上的精力狀態

製作身體使用說明書的第三點，是留意自己的精力狀態，及時按暫停鍵。我會格外留意早上起來的狀態，如果有一天早上起來時我不覺得精力滿滿，反而覺得疲憊，我內心會有個小的警醒。第二天如果還沒有好轉，我會再警醒一次，並且當天儘可能早睡。到了第三天，如果還是覺得疲憊，那麼我就會停止一切非必要的工作，給身體修復的時間。為什麼要格外注意早上起床時的訊號呢？這裡涉及一個關鍵的健康指標，叫「靜態心率」。靜態心率是指人在完全靜止狀態下的心率，是衡量心臟健康程度快且有效的方法，血壓、壓力和睡眠不足都會對它有影響。所以在清醒的環境下、正常的溫度下，在身體沒有活動、精神沒有受刺激的時候，去觀察靜態心率，它跟你的疲憊程度相關。

有興趣的朋友可以去測試一下自己的靜態心率，不過前提是作息、飲食要相對規律，且前一天沒有過度的勞動或運動。當你連續幾天醒來都感覺疲憊，身體已出現明顯的訊號時，你的靜態心率有很大機率會提高。這時候就一定要想辦法給自己按暫停鍵，及時休息。

◇

以上就是我的身體使用說明書，列出了身體使用說明書裡的幾個關鍵指標。大家可以根據這個底層邏輯，參考我的方法和資料去構建你自己的說明書。我們都是獨一無二的個體，你才是最懂自己身體的人，所以也只有你才能製作出最符合自己情況的身體使用說明書。

2.8 學會與你的身體對話

在經歷車禍後的很長一段時間裡，我對自己的身體充滿了惡意和嫌棄。因為在剛開始的階段，我沒辦法走太多路，直到二〇一九年底我一天最多才能走到五千步，並且不能連續超過三天。有記錄步數習慣的人應該知道，你跟朋友逛街一兩個小時就能輕鬆走到五千步。因此這對我的生活還是有挺大影響的，我之前喜歡的爬山、打羽毛球這些運動都沒辦法再進行，我內心藏了無數的不甘和埋怨。

測試你的體商

直到二〇二〇年，我開始慢慢接納這種狀況，學著與自己的身體相處，甚至覺得身體給我的一些訊號很有意思。比如下雨時，我的身體比天氣預報還準，讓我避免了很多次被淋雨。我開始認真思考身體與自己的關係，畢竟，身體是要陪伴我們一輩子的。況且我們不可能像對待車一樣，可以隨意替換零件，身體每個器官的替換成本是相當高甚至根本無法替換的。於是，我開始轉換思維，學著去了解自己的身體。

慢慢地，我似乎可以去理解身體的表達方式，解碼身體給出的訊號，然後做出回應。經過一段時間，我的身體狀態真的有明顯好轉，這進一步鼓勵了我去研究自己的身體語言。後來，我讀到一本書，叫《與你的身體對話》[4]，了解到了「體商」（Body Quotient，簡稱BQ）這個概念。體商是什麼呢？它是人對自身真實健康情況自我認識的反映，指一個人在活動、運動、體力勞動方面的能力和品質的量化標準。簡單來講，就是看你對自己身體的了解程度。這裡給到大家這個測試，大家可以來測一下。

4：《與你的身體對話》，柯雲路，河南文藝出版社，二〇二〇。

體商測驗

Part 1：測量

1. 你知道自己在過去兩年中的平均血壓值是多少嗎？

1 不記得曾經測量過

2

3 我很肯定它很正常

4

5 我知道10以內的波動範圍

（這裡的2是指介於1與3之間的水準，4介於3和5之間的水準，後面的題目同理。選項前的1～5表示分值。）

2. 你知道自己的精確體重（**誤差二．五公斤之內**）**嗎？**（如果你不去秤體重是因為這會讓你有負面情緒，但是你能把體重控制在一個穩定的範圍內，那麼可以給自己4分或者5分。）

1 我知道七．五公斤以內幅度的誤差

2

3 我知道在五公斤以內的誤差

4

5 我很滿意自己每週或者每月的典型體重波動

3. 如果你四十五歲以上，你知道自己的膽固醇水準是一般還是太高嗎？（如果你四十五歲以下，給你自己打5分——除非你已知自己的家族有高膽固醇病史且自己沒有測量過膽固醇。）

1 我從來沒測量過

2

3 我測量過，但我不確定它是否正常

4

5 我知道大概資料和它們正常與否

4. 如果你四十五歲以上，你知道自己的空腹血糖值是多少嗎？（如果你四十五歲以下，給你自己打5分——除非你已知自己家族有糖尿病病史且自己沒有測量過血糖。）

1 我從來沒測量過

2

3 我測量過，但我不確定它是否正常

4

5 我知道大概資料和它們正常與否

5. 你知道自己的睡眠時間以及睡眠品質嗎？

1 我一點也不了解

2

3 如果你給我幾個小時我就能弄明白

4

5 我知道自己睡了多久以及自己需要多少睡眠

6. 你現在或之前的平均月經週期是多長時間（從一次月經到下一次之間的時間）？（如果你還沒有來月經，給自己打5分。）

1 什麼是月經週期？

2

3 我對自己什麼時候月經要來會有隱隱的感覺

4

5 我一直知道自己的月經週期長度

7. 你知道自己什麼時候排卵嗎？（或者如果你現在不排卵，那麼你曾經知道自己的排卵日期嗎？）

1 什麼是排卵？

2

3 我對於自己什麼時候要排卵會有隱隱的感覺

4

5 我一直知道自己的排卵日

測量分數小計：______

（把你的7個得分加起來）

Part 2：感覺

1. 在進食的時候，能否在自己「吃撐」之前意識到自己已經飽了？

1 從沒有過

2 很少

3 有時

4 常常

5 幾乎總是

2. 你會在自己「吃撐」之前停止進食嗎？

1 從沒有過

2 很少

3 有時

4 常常

5 幾乎總是

3. 當你感覺餓得難受時，你是否會在三十分鐘之內吃些零食或者進餐？

1 從沒有過

2 很少

3 有時

4 常常

5 幾乎總是

4. 當你覺得自己需要去廁所時，能否在十五分鐘之內去廁所？

1 從沒有過

2 很少

3 有時

4 常常

5 幾乎總是

5. 當你覺得肌肉疼痛或者關節疼痛時，是否會停下那些會加劇你疼痛的行為？

1 從沒有過

2 很少

3 有時

4 常常

5 幾乎總是

6. 當重複性的工作行為（比如寫字、電腦工作、使用電話或者開車）導致自己的頸部、後背、手腕、手或者腿部感到勞累時，你是否能夠意識到？或者，如果你從事體力工作，你是否知道自己的身體什麼時候需要休息一下，從而避免疼痛或受傷？

1 從沒有過

2 很少

3 有時

4 常常

5 幾乎總是

7. 如果你的工作條件允許的話，你是否會每隔九十分鐘休息一下，讓自己站立、拉伸、走路、休息或者用其他方式來照護下自己的身體？（如果你想這麼做但你的工作不允許你做這些，給你自己打5分。然後再考慮一下能否找個其他工作。）

1 從沒有過

2 很少

3 有時

4 常常

5 幾乎總是

8. 在過去的一年中，你能感覺到自己的身體多久會有一次性需求？

1 從沒有過

2 一月一次到一年一次

3 一週一次到一月一次

4 一週一～三次

5 一週超過三次

9. 你是否找到一種健康的方式來滿足自己的性需求（獨自解決或者同一個伴侶一起）？

1 從沒有過

2 很少

3 有時

4 常常

5 幾乎總是

感覺分數小計：＿＿＿＿

（把你的9個得分加起來）

Part 3：感受

1. 在近半年內，你大概多久一次對某個決定或者某個人有直覺判斷，並且結果證實了這種直覺是正確的？

1 從沒有過

2 每年二～三次

3 至少一月一次

4 每週一次或更多

5 每天都有

2. 面對某個決定或某個人時你會經常聽從你的直覺嗎？

1 從沒有過
2 很少
3 有時
4 常常
5 幾乎總是

3. 閉上眼睛，花一點兒時間去想像一下，在未來你失去了某個寵物或者某個你愛的人。你能否感覺到失去的感覺存在於你身體的某處？它們是如何存在的？

1 我什麼都感覺不到
2 可以感覺得到，但是無法描述出來
3 只能感覺得到它在哪裡存在
4 能夠感覺到它所在的位置和強度
5 能夠描述它所在的位置、品質、強度，甚至這種感覺的形式

4. 想像一下，你剛剛被告知你發明的某樣東西在世界各國被廣泛應用，你將得到一大筆錢。你是否有興奮、驚訝、得到安慰的感覺？它們存在於你身體的何處？是如何存在的？

1 我什麼都感覺不到
2 可以感覺得到，但是無法描述出來
3 只能感覺得到它在哪裡存在
4 能夠感覺到它所在的位置和強度
5 能夠描述它所在的位置、品質、強度，甚至這種感覺的形式

感受分數小計：＿＿＿

（把你的4個得分加起來）

Part 4：辨別

1. 想一想你身體中某個正在疼痛或者曾經疼痛的部位，你能辨別出哪些行為（活動、食用某種食品、補充劑或者藥品，按摩或針灸療法）能夠減輕疼痛嗎？

1 我一個都辨別不出
2
3 我能辨別出至少一種可減輕疼痛的行為
4
5 我能辨別出多種能夠減輕疼痛的行為

2. 你能辨別出哪些行為（比如進行某種活動、食用某種食品、缺乏睡眠等）會加重你的疼痛嗎？

1 我一個都辨別不出
2
3 我能辨別出至少一種能加重疼痛的行為
4
5 我能辨別出多種能夠加重疼痛的行為

3. 想一想某種你經歷過的疼痛（頭痛、痛經、頸部或背部疼痛、受傷）。你能輕易辨別出哪些行為會引起或者加劇自己的疼痛嗎？（比如，「當我發現當自己壓力很大時，經期會格外疼痛」。）

1 不能
2
3 我能辨別出一種可能會影響疼痛的行為
4
5 我能輕易辨別出會影響疼痛體驗的行為

4. 你能辨別出哪些情感經歷（假期的壓力釋放、與你愛的某人在一起、被關心）會減輕你的疼痛體驗嗎？

1 我無法辨別出

2

3 我能辨別出一種會減輕疼痛的情感經歷

4

5 我能辨別出多種會減輕疼痛的情感經歷

5. 花點時間去想想上一次你生病的時候。你能否輕易判斷出是哪些行為或接觸導致了生病？

1 我無法辨別出

2

3 我能想到至少一種可能會導致我生病的行為

4

5 我能輕易想到多種讓我易受疾病侵害的行為模式

辨別分數小計：______

（把你的5個得分加起來）

	優秀	良好	需要幫助
測量	31~35 分	24~30 分	<24 分
感覺	40~45 分	32~39 分	<32 分
感受	18~20 分	14~17 分	<14 分
辨別	23~25 分	18~22 分	<18 分
總計	112~125 分	88~108 分	<88 分

最開始做這個測試的時候，我的分數並沒有我以為的那麼高。我慢慢學著去感受身體給我的一絲一毫的訊號，比如，有時候吃完飯，我的胃是有一點「扎」或者「抖」的感覺，它好像在告訴我，今天這些東西它不喜歡吃或者吃太多了。說實話，以前我是沒有這種對身體的精準感受能力的。

提升你的身體感受力

如何提升身體感受力呢？我最常用的方式就是身體掃描練習，這種練習還可以幫我很好地放鬆身體。方法很簡單，當我躺著的時候，我會把我的意識逐步帶到身體的各個部位，從腳趾，到腳掌、足跟、小腿、膝關節、大腿、臀部、骨盆、腹部、胸腔、乳房、肩膀、下背部、中背部，然後到上背部、手臂、手掌、手指、頸部、頭部，然後到額頭、眉毛、眼睛、耳朵、嘴巴等，把注意力依次放到身體的每個器官，讓自己放鬆下來。現在很多冥想的App裡都有身體掃描練習，大家可以選擇跟著引導音檔去練習。當你長期去做這個練習，你能更細微地感受自己的身體，跟身體的連接感受更深，然後察覺到它給你的微小訊號。有些人在剛開始的時候，對身體的感受力是很弱的，可能完全感受不到，沒關係，再多練一段時間，你還可以用手去輕觸身體，增強自己的感受力。

當你練習的時間足夠長，你可能會感受到，當你有情緒的時候，你的情緒藏在身體的什麼部位。記得在美國的時候，我晚上睡覺有時會莫名醒來，腸胃不舒服，要坐很久才能接著睡，有時候甚至要拉肚子或者嘔吐完才能繼續睡覺。當時我找不到原因，還以為自己是不是吃得太涼了或者太油膩了。後來我去了澳洲，隨著自己研究、學習的深入，遇見了很多老師，我才明白，等我療癒了自己的一些情緒問題，腸胃問題自然而然就變好了。當你的身體感知力變強，你對自己「吃幾分飽」也會有更強的感知力。以前我只有吃撐以後才意識到自己吃撐了，但是隨著感受力增強，我吃到六七分飽，就自動停下來。在本章第二節中我們提過，很多人都有「壓力——暴飲暴食」的自動反應鏈，當你感知力增強，你會更早按下暫停鍵，在刺激與反應中間去做對身體更有益的選擇。

總之，當你讀懂了身體的訊號，就能更了解它。你的身體和大腦處在同步連接的狀態，而不是當身體已經給你極端明顯的訊號的時候，才去注意自己的身體。

感恩你的身體

當我學會與自己的身體對話，並且理解它之後，我更加尊重自己的身體，甚至開始發自內心地感恩它。我以前沒有好好去讀懂它給到的訊號，甚至怨恨它、埋怨它，但是它還是陪我一起努力學習、工作，直到它實在撐不住的時候，才以生病的方式告訴我要停下來。身體如此待我，我怎能不心存感激呢？

透過這些方式與身體對話，你會慢慢愛上自己的身體。當你把身體當成朋友看待的時候，身體自然也會給你更好地回饋。

本章小結

體能管理是精力管理的基石，不談體能，何談精力。這一章，我們首先介紹了飲食、運動、睡眠、呼吸的科學管理方法，然後介紹了可以幫助身體一鍵重啟的飲食方式——輕斷食。除此之外，我們不可忽略的是，身體是最珍貴、最精密的「儀器」，我們需要好好觀察和體會，去建立自己的身體使用說明書。同時，去傾聽身體的聲音，解碼身體給我們的訊號，去感恩和愛護自己的身體。

1. 保持高精力水準的關鍵，是保持相對穩定的血糖水準。
2. 建議食用粗糧、蔬菜等富含複合碳水化合物的食物代替精緻碳水化合物，比如精白米麵等。
3. 我們要限制攝取飽和脂肪酸的量，尤其要嚴格控制反式脂肪酸的攝入。
4. 為了保證血糖穩定，避免肥胖，建議多食用低升糖指數（GI）的食物。
5. 有助於提升精力水準的飲食原則：細嚼慢嚥，吃七分飽，少食多餐。

6. 建議按照二一一餐盤法進行飲食搭配，即一個圓盤放三類食物，全穀物和根莖類植物占四分之一，瘦肉魚蝦蛋豆製品占四分之一，新鮮蔬菜占二分之一，其中深綠葉類蔬菜占一半以上。
7. 保持精力旺盛需攝取充足的飲水量，建議每公斤體重攝取水分三十三毫升。
8. 不要等口渴的時候才喝水，此時身體已經缺水了。
9. 將小幅運動安排在工作間隙，是快速恢復精力的祕密武器。
10. 對於運動基礎弱的人，第一目標是先讓自己動起來，可以請教練監督自己，也可以先從喜歡的運動入手，減少行動阻力。
11. 對於有運動基礎的人，建議平時進行中等強度或者低強度運動，週末可以加一些高強度訓練。
12. 運動效果符合邊際效用遞減規律，建議運動一段時間後增加運動強度，或者更換別的運動類型。
13. 建議動態運動和靜態運動結合訓練，效果更好。
14. 要注意各種運動前都要熱身，運動之後做適當的拉伸和放鬆。

15. 人們正常的睡眠結構週期可分為兩個時相：非快速動眼睡眠期（NREM）和快速動眼睡眠期（REM）。NREM與REM交替一次為一個睡眠週期，每夜通常有四～五個睡眠週期。
16. 為了保證早上醒來精力旺盛，建議儘量睡到自然醒，可根據自己的預計起床時間倒推入睡時間。
17. 建議測試自己的生理時鐘，按照生理時鐘安排自己的一日作息。
18. 床只是用來睡覺的，沒事別上床。
19. 儘量堅持同一個時間上床，形成規律。
20. 睡前遵循一套固定的睡眠流程，有助於快速入睡。
21. 睡前一．五小時不做讓神經興奮的事情。
22. 如果你晚上運動易興奮，不建議晚上做運動。
23. 晚餐可以減少攝取量，且不要太晚吃，這樣更有助於入睡。
24. 可借助白噪音或者精油入睡。
25. 白天晒一晒太陽，晚上睡眠更佳。

26. 電子設備最好不帶入臥室，減少熬夜的情況。
27. 中午建議小憩一會兒，可有效恢復精力，但不建議超過三十分鐘。
28. 推薦日常練習三種呼吸法：腹式呼吸、高效學習呼吸法（一：四：二呼吸法）、四—七—八呼吸法。
29. 根據細胞自噬理論，輕斷食可以清理損傷細胞，幫助身體自我修復。
30. 推薦兩種輕斷食方案：第一，每天飲食的熱量控制在八百大卡以內，以果汁、蔬菜為主，持續三天。第二，半斷食，即吃平時食量的一半，不計較葷素，持續三天。
31. 製作身體使用說明書的第一步，是知道自己的最大極限在哪裡。我會比較注重三個方面的極限，分別是連續工作的極限、身體運動的極限以及飲食的極限。
32. 當你堅持做生病復盤，就可以找到生病的規律，提前干預和調整。
33. 注意早上醒來後的精力狀態，如果連續兩天以上早上醒來都感覺疲憊，要給自己按「暫停鍵」。
34. 建議透過練習身體掃描提升身體感受力，當你能夠聽懂身體的訊號，會更加愛護和感激自己的身體，它也會給你相應的回報。

第 3 章

管理情緒——
別讓內耗偷走你的電量

3.1 負面情緒，你的能量收割機

剛工作那兩年，公司某部門有一個女主管說話的聲音特別大，經常在辦公室扯著嗓門喊：「Luna，妳這個又錯了，應該是……」此時，我都忍不住在心裡暗想：「妳就不能私下對我說嗎？非得扯著嗓子讓全辦公室的人都聽見？作為主管，妳不知道表揚人要讓所有人都知道，批評人只要他自己知道就好了？這麼簡單的道理妳不懂？」我的內心無比地憤怒、失落、委屈。剛開始，我甚至需要去廁所平復心情，對著鏡子練習微笑，有時候怕被人看見了笑話，就索性坐在馬桶上對著手機相機練習假笑。從洗手間出來，即使勉強開始了工作，一整天也會無精打采，工作效率極低。

那時候，每當工作上的事情一多，壓力一大，我就又煩躁又焦慮，工作上連續出錯，不斷返工，浪費了大量的時間。想到計畫本上沒完成的任務，更沒辦法靜下心來，陷入了情緒內耗的閉環。

慢慢地，我意識到，很多工作計畫完成不了，不是時間不夠用，也不是工作能力不足，而是有太多的情緒困擾。這些負面情緒就像超級能量收割機，把我精力的黃金時段稀釋成了青銅時段，甚至破銅爛鐵時段。事情都做不了，更別提什麼工作效率了。

我的工作時間按照精力狀態大致可分為五類：

第一類，鑽石時段，精力滿滿，電量九十一％以上；

第二類，黃金時段，精力充足，電量七十六％～九十％；

第三類，白銀時段，精神尚可，電量六十一％～七十五％；

第四類，青銅時段，精力紅燈，電量四十五％～六十％；

第五類，破銅爛鐵時段，電量在四十五％以下，不適合工作。

真正讓我意識到情緒的強大威力的時刻，是在車禍後。那段時間，我基本上時時刻刻都處在沮喪中，不知道什麼時候情緒就爆發了。每天往返於家、醫院、學校之間，繁重的課業讓我喘不過氣來。作為一個自以為的自律女孩，我頭一次體會到什麼叫「Deadline 是第一生產力」。看著做事拖拉的、充滿負面情緒的這個人，我感覺快不認識自己了。也是那時候我才意識到，情緒這個能量收割機太過強大。

情緒對精力的影響

人類績效（Human Performance）根據情緒能量的高低以及正負兩個維度，將情緒劃分為四大類（見圖 3-1）：

第一象限：包括承諾、挑戰、希望等，屬於高能量的正面情緒。

第二象限：包括生氣、恐懼、悲傷、沮喪等，屬於高能量的負面情緒。

第三象限：包括不耐煩、疲憊、懶散、冷漠、缺乏興趣等，屬於低能量的負面情緒。

第四象限：包括放鬆、同情等，屬於低能量的正面情緒。

情緒也被稱為「軟精力」，因為根據情緒的高低和正負，它可以在你原有的精力基礎上做加法和減法。很明顯，正面高能情緒可以提升精力水準，而負面情緒則可以極大地拉低精

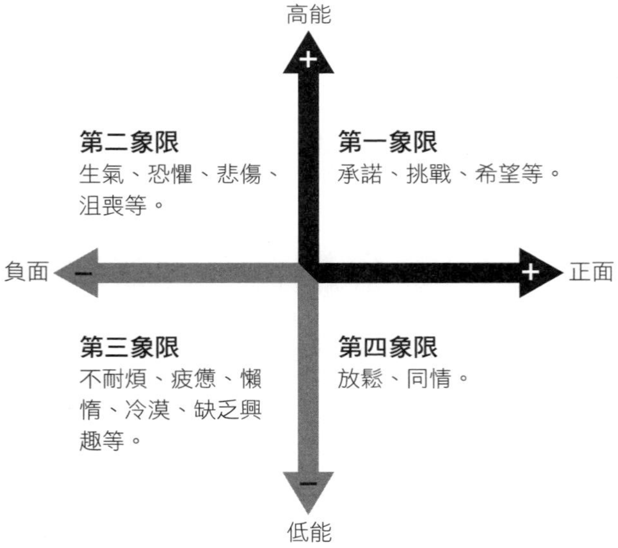

圖 3-1　情緒的四象限

力水準。比如，你早上剛到辦公室，此時你的精力水準是八十分，這時，老闆跟你說表現不錯，這個月開始加薪，你瞬間希望大增，動力滿滿，精力水準升到一百分；如果老闆說，公司效益不好，下個月需要裁員，糟糕的情緒會讓你的精力水準瞬間掉到六十分。

同時，情緒能量的強度也決定了對精力的損耗程度，情緒能量越高，越負面，耗能就越大。你可以察覺一下自己的情緒大多處在哪個象限。比如，我自己偏理性，大多處於第四象限，在第二象限的情緒就很少。我前面說的那位女主管，她就是明顯的高能量情緒比較多，如果她生氣了，整個辦公室的氣氛都變得低沉。也並不是說多高能情緒就不好，等她高興的時候，整個辦公室都能聽見她的笑聲，感染力極強。

我做療癒類個案的過程中也有個有意思的發現，有些人天生就情緒能量強，比如在做情緒釋放的時候，會出現強烈的嘔吐或者哭到癱倒站不起來，但是他們一旦情緒處於第一象限，精力水準和行動力都會極高。而有些人則很溫和，情緒的波動很小，那麼對精力的影響程度也會減小。無論是哪種情況都各有利弊，重要的是你能夠有所覺知，在情緒來臨時，知道如何應對或者利用。

接下來，我們會去認識和覺知情緒，改善你和情緒之間的關係，不要把負面情緒當成洪水猛獸，然後掌握一些方法和基本原理，知道如何提高情緒能量，預防負面情緒事件的發生，並且知道當情緒出現時，如何有效地應對情緒，減少情緒消耗。最後，我們將會探索情緒發生背後更深層的因素——你的心智配套系統，從底層去穩定你的根基，減少內耗，提升精力水準。

3.2 認識情緒，做情緒的朋友

我發現很多人不認識自己的情緒，甚至有些人只有兩種情緒：「生氣」和「開心」。實際上他不是沒有其他情緒，只是所有負面情緒都被概括為「生氣」，所有的正面情緒又被一個「開心」所概括。但具體為什麼生氣或開心，在什麼場景下容易生氣或開心，自己都是一無所知。

簡單地說，大多數人都知道人的情緒有快樂、悲傷、憤怒、驚訝、恐懼、厭惡等。如果更加細分，其實人可以感受到的情緒有二十七種：欽佩、崇拜、欣賞、娛樂、焦慮、敬畏、尷尬、厭倦、冷靜、困惑、渴望、厭惡、痛苦、著迷、嫉妒、興奮、恐懼、痛恨、有趣、快樂、懷舊、浪漫、悲傷、滿意、性欲、同情和滿足。

為什麼會這樣呢？因為在很多人眼裡，情緒好像是洪水猛獸，是不被認可的。比如小時候，當你因為摔倒了而哭的時候，家長會說，「不許哭」、「男子漢流血流汗不流淚」、「閉嘴，再哭不要你了」。我們習慣了去逃避和壓抑情緒，畢竟誰都不想被貼上「情緒化」這個標籤。長此以往，我們對自己的情緒越來越麻木。

情緒的積極意義

可是，對情緒麻木不代表沒有情緒。對情緒多年的漠視和逃避，讓我們逐漸形成了固定化的情緒反應模式。比如被人罵了就馬上嗆回去或者忍氣吞聲獨自委屈，不開心了就滑手機逃避或者暴飲暴食，我們形成了一鍵執行的自動反應模式，無須過腦，自動回應。

所以，我希望大家知道的第一點是，不要逃避情緒，不做情緒的奴隸或者敵人，而是做情緒的朋友。因為每種情緒的背後，都有一個正面的動機，它本來只是想保護和幫助我們的。我們可以依次看一看常見的幾種情緒：

憤怒告訴我們什麼呢？它告訴我們邊界被侵犯，我們需要去捍衛自己，去操控局面，去反抗或震懾對方。比如，當你被別人踩了一腳而對方毫無歉意的時候你會感到憤怒，這種情緒是在表達，我受到了傷害，我需要做點什麼保護自己。

現在幾乎人人都逃不掉的焦慮情緒，背後又是什麼呢？是對未來未知的擔憂。你想要控制結果，想要做到最好，但是又擔心自己的資源不足以應對未來不確定的風險。所以，你產生的焦慮情緒其實是在提醒自己，我需要做點什麼來抵禦未知風險。

內疚、慚愧，這些情緒大多發生在犯了錯誤、虧欠了一些人但是又無法改變過去的時候，我們透過內疚的情緒讓自己感到痛苦，來平衡自己的負罪感。嫉妒情緒，其實是告訴我們，我不願意比你弱，我想要超過你。

你看，情緒有破壞性的一面，但是也有積極的一面，只是這積極的一面從未被我們意識到。當我們不再逃避和壓抑情緒，開始去認識情緒並解碼情緒帶給我們的訊號時，那麼我們就開始了與情緒做朋友。

記錄情緒，做情緒的朋友

怎麼去做情緒的朋友呢？一定是先記錄和分析情緒。記錄和分析情緒，可以了解自己發生頻率最高的情緒模式，對自己的情緒發生模式越了解，下次就越能避開引發這些情緒的場景。比如，我讓學員去記錄了一個月的情緒，然後總結出最高頻的三種情緒。有學員跟我回饋，她每天晚上臨睡前一～兩小時是最容易發怒吼孩子的。因為這個時候孩子的作業沒做完，而自己的精力電量已經明顯不足，最容易煩躁和生氣。因此她做了兩個改變：第一，把輔導孩子作業放在精力足的時候；第二，想對孩子發怒的時候，深呼吸或者暫時離開一會，告訴自己是精力不足了，不要把火都發給孩子。

我記得剛開始記錄我的不良情緒時，我感覺長這麼大第一次「看見」自己，「看見」情緒產生的原因以及背後的需求。那個時候我才意識到，我以前好像是自己最熟悉的陌生人。

記得當時我常出現的一個情緒是發生在上班路上。那時候還在北京上班，公車會經過一段時常堵車的路段。如果運氣不好，再遇上車禍發生，更是堵個水泄不通。有時候我在公車上睡了一覺醒來，發現眼前的大樓，還是睡覺之前的大樓。每次一堵車，我就心情煩躁，覺得自己的大好時光都被浪費在路上了。後來我開始思考，我如何避免這種情緒的發生呢？我改成上班的路上聽英文，下班的路上睡覺，相當於上班路上給大腦補充營養，下班路上補充體能精力。從此，上下班的堵車就不再頻繁引發我的情緒問題了。

那時候每月月底也是我情緒頻發的時段。因為一到月底，事情就會特別多。每天幾十封的未讀郵件，再加上兩三個人電話催單：「Luna，我的這個單子真的很急呀，能不能幫忙先做一下？」我雖然嘴上說著「好，我儘快」，但內心早已暴跳如雷：「我就兩隻手！」

出現這種情緒，我該怎麼辦呢？剛開始，我發現無論如何都改變不了郵件的接收數量，因為這不是我能控制的。當時的我也還沒有百鍊成鋼達到現在「債多了不愁」的狀態。那我做了件什麼事呢？我把電話線拔了，這下子全世界都安靜了！我每天上午偷偷拔斷電話線一～兩個小時，或者在掛電話的時候，故意不掛好。當然，我只能拔掉一～兩小時，這是基於我的工作性質和客戶的容忍度反覆測試得出來的，大於兩個小時，客戶會著急直接找老闆，後果更慘痛。

記錄了很長一段時間之後，我發現引發我負面情緒的場景，用十個手指頭絕對能數得過來。後來有一天，我又靈機一動，我為什麼不記錄一下快樂的情緒呢？我好像對自己的正面情緒一無所知啊！於是我開始把自己的專注點從負面情緒轉到了正面情緒。

現在，請正在看書的你停下來思考一下，你知道自己做什麼最開心嗎？這是我二〇一四年之前從沒有想過的問題。現在想來，不知道如何取悅自己是一件很可怕的事，因為不知道如何取悅自己，快樂就變成了隨機事件，而自己就失去了獲得快樂的主動權。

記錄了一段時間的正面情緒，我發現其實情緒是我們幸福生活的導航儀，因為它直觀地告訴了我們自己想要去的地方。

我先記錄了工作中的情緒表（見下一頁，表3-1），負面情緒的就是負數，正面情緒的就是正數。0～5分別代表了情緒的強度。

記錄正面情緒還帶給我一個附加的好處：越來越知道自己喜歡什麼。那個時候，我並沒有接觸過現在很流行的熱愛系統測試或者職業生涯規劃。我只是透過自己的情緒彩虹表，知道自己喜歡和不喜歡的事情，然後找一份自己比較喜歡的工作。舉個例子，那時候每當有企業培訓，有人會因為耽誤了假期而抱怨，我卻特別興奮，連續上幾個小時的課都不會累。如果有機會做培訓和分享，我也很容易進入心流狀態。我模糊地感覺到，自我成長以及幫助別人成長，就是我的熱情所在。現在，我作為一名時間精力管理和個人成長教練，和能提高我的情緒值的事情是完全吻合的。我後來也做了各種優勢測試、職業生涯規劃，結果和我自己原來設定的方向完全一致。所以，當你說不喜歡自己的工作，又不知道去做點什麼，不知道自己的天賦和使命在哪裡時，那不妨去記錄自己的情緒吧，可能會有意想不到的驚喜。

同理，我也記錄過生活中的情緒（見表 3-2），現在我基本找到了自己喜歡的生活方式。

與情緒做朋友的第一步，是認識情緒和了解自己的情緒。非常建議你去製作自己的情緒彩虹表，

分值	場景	原因
-5	當眾被老闆批評	感覺丟人，自尊心受傷
-4	工作時長超過 75 小時 / 週	生活工作不平衡 / 自我邊界被擠壓
-3	私底下被批評	做不好工作很焦躁 / 自我目標未達成
-2	8 小時的 IT 會議	頭昏腦脹，後面聽不進去，浪費時間
-1	做表單	不擅長，有牴觸情緒
0	簡單重複性工作	
1	可以讓我不斷優化流程，提升效率的工作	有進步空間
2	企業社會責任	符合我的核心價值觀
3	參加培訓	符合我的成長性需求
4	培訓幫助他人	能為別人提供價值

表 3-1　工作情緒彩虹表

記錄情緒發生的事件和場景，分析情緒背後的成因和需求。情緒沒有所謂的好壞，每個情緒背後都有一個需求，這個需求就是你內心最真實的渴望。它是你心裡演奏出來的旋律，幫助你聽見內心的聲音，幫助你勾勒出自己喜歡的生活，指引你去想去的地方，遇見更好的自己。

分值	場景	原因
-5	被媽媽管	沒有自由
-4	吵架	暴力溝通
-3	過度疲憊	
-2	人口過度密集的地方	
-1	排隊 / 堵車和陰天	
0	發呆 / 晒太陽	
1	整理歸納	
2	看書 / 放鬆	
3	健身運動 / 美食 / 朋友來往 /Spa	
4	旅行 / 去海島 / 下雪 / 去沒去過的城市	

表 3-2　生活情緒彩虹表

3.3 找到你的正面情緒行動電源

如果想要好的精力管理狀態，就需要有更高比例的積極情緒，減少負面情緒。上一節我們了解了自己的負面情緒和正面情緒發生的場景，當我們對自己的情緒越了解，就越能主動構建環境，增加正面情緒，預防負面情緒的發生。這一節，我們會探討如何構建屬於自己的正面情緒行動電源，其中有一些簡單好用的方法，你可以穿插在日常生活和工作中。

找到你的正面情緒行動電源

根據每個人接收外界事物資訊並在大腦中進行處理的偏好，我們把人理解世界的方式分為三種，分別是視覺型、聽覺型和感覺型。簡單地說，視覺型的人更傾向於用眼睛去觀察世界，對色彩、畫面等視覺因素的要求比較高。聽覺型的人更喜歡用耳朵去聆聽世界和獲取資訊。感覺型的人則更偏重感受。比如三種類型的人同時走進大森林裡，視覺型的人首先注意到的是滿眼的綠色，聽覺型的人先聽到的是鳥叫聲、風吹樹葉的聲音，而感覺型的人會不自覺地先深深呼吸幾口新鮮的空氣，感受大自然獨有的味道。視覺型的人大多注重「外貌」，對顏色敏感，一般有不錯的審美水準。聽覺型的人對聲音的清晰度、質感很敏感，很容易聽出別人唱歌是不是跑調。感覺型的人觸覺敏感，比如對衣服材質要求很高，喜歡穿柔軟舒適的衣服。

你可能會問，我們不是說正面情緒行動電源嗎，怎麼說起了人們處理資訊的偏好呢？其實兩者有很大的關係，因為我們的大腦會根據這些圖像、聲音、感覺去觸動我們的內在資訊，然後結合自己的價值觀，對外界做出「正面」或者「負面」的反應。當我們了解了自己的資訊處理的偏好，就可以從這方面入手，去增加自己的正面情緒體驗。比如，視覺型的人多去看看美麗的風景，把家裡布置得更漂亮，或者自己動手畫畫，都可以讓自己更開心。而聽覺型的人可以收集一些自己喜歡的「快樂歌單」。我就有一組名為「早上」的歌，這裡面都是我非常喜歡的音樂，節奏上激情滿滿，聽了之後會覺得心情愉悅、動力十足。感覺型的人可以去擼擼貓，或者泡個熱水澡放鬆一下。

其實我就是個偏感覺型的人，當我工作一段時間感覺有些疲憊時，我就會去陪我的貓玩一會，這樣我的情緒值就會升上來。我還有個很特別的方式，是在床上滾一滾。我的床很大，並且我對床品的品質要求也很高，當我在大床上滾來滾去的時候就會感到心情愉悅，我甚至解釋不清具體的原因，但特別有用，有時候中午直播後又累又睏，只要在床上滾一滾，就覺得自己又充滿了電。

每個人加工資訊的方式不同，所以喜歡的充電方式也不一樣。但也不是說每個人的方式都是單一的，我們都是綜合型的，既是視覺型的、聽覺型的，也是感覺型的，只是偏好有所不同。往往你最偏好的那種方式，對你是最有效的。所以，你可以花一段時間去探索和試錯，去尋找適合自己的充電方式。你可以把它們編排組合，放到你工作和生活中的間隙裡面，比如早上聽聽歌，工作間隙擼擼貓，這會成為你的獨家情緒充電工具包。

除了這些隨時可以給自己充電的行動電源，我還會隔一段時間給自己找個「充電站」。充電站不會天天用，但是一旦使用，則威力巨大，續航持久。比如我的充電站是一些海島。大自然的風光似乎可以讓我忘卻一些煩惱，回來後的很長一段時間裡我都會處於喜悅的狀態中。我的充電站還可能是一些情緒能量很高的人。之前在美國復健的時候非常痛苦，每週二中午和每週四下午，我都會路過一個教室，裡面有一個瑜伽老師帶著學生上課，那個時候由於身體狀況的原因我還做不了瑜伽，我只是在教室裡靜靜聽著音樂，看著老師指引大家做瑜伽，我就會感到內心的平靜。後面我也試了同樣的音樂，發現並不能起到相同的作用。我發現原來是有些人天生帶一些正面的情緒能量，你如果跟他（她）一起學習和相處一段時間，自然會有很不一樣的體驗。所以我現在隔一段時間也會找這樣的人給自己充充電。

感恩日記

對於提升正面情緒體驗，一個不得不提的重要工具就是感恩日記。我們平時習慣了對生活中細小的幸福視而不見，把注意力全部放在了那些讓自己不滿和焦慮的事情上。因為我們的大腦天生對負面的東西更敏感。從個人進化論來講，在原始社會，天生對負面資訊的抓取能讓我們更好地生存下來，而不是一夜睡到天亮，成為更強大的動物的腹中餐，或者讓自己辛苦打來的獵物被偷走。我們的基因裡天生有對負面資訊和環境的警惕性。很顯然，這套適合原始社會的機制已經不適合現在這個時代。所以，我們需要刻意練習自己關注「積極面」的思維習慣，透過感恩日記幫助我們掌握隨時隨地捕捉快樂的能力。

北伊利諾大學（Northern Illinois University）婚姻與家庭名譽教授說：「如果你透過感恩練習創造出積極的精神狀態，就相當於在強化神經迴路，你就可以創造出更多積極的感覺。你可以把感恩當成一種讓大腦保持積極的心理練習。」透過長期書寫感恩日記，我們會更加樂觀，常懷一顆感恩之心，對生活中的小幸福會更加敏感，對外界的不如意之事也會更加包容。

怎麼寫感恩日記呢？很簡單，每天記錄那些讓你感覺幸福、快樂和值得感恩的小事情，比如吃到了美食，看到了美麗的風景，孩子很順利地完成了家庭作業，自己身體很健康，工作給我帶來收入……這些細小的事情都可以寫進來。其實很多人都多多少少聽說過感恩日記，但是堅持下來的人則少之又少，因為這個堅持並看到結果的過程，並不簡單。

我剛開始寫感恩日記的時候只能寫幾條，感謝身邊的人，感謝發生的開心的事，感謝今天的好天氣，感謝美食。然後經過一段時間，好像進入了一個瓶頸期，總是來來回回反覆感恩身邊那些可愛的人，也總有幾個不那麼可愛的人讓我真的不知道如何感恩。不管怎樣，我還是堅持去寫，突然有一天我變得更細膩了，我的感恩日記好像有了靈魂，具體的表現是我感恩的內容更具體了，不是表面的一句話，而是發自內心的感謝，我能夠深刻體會到情感的流動，我稱之為「由腦入心」了。又過了一段時間，我開始能把這些「不那麼可愛」的人看順眼了。也許是因為一件小事，比如她在一件事情上的不可愛在另一件事上卻顯得特別可愛。舉個例子，有的人十分挑剔，對細節摳得淋漓盡致，在做戰略規劃的時候就顯得有些格格不入。然而在另一些工作，比如專案管理、文字校對上，就顯得可愛多了。就這樣我看到了那些不可愛的人的可愛之處。結果是，我發現自己真的積極樂觀起來了，對生活中的小幸福更加敏感。

記得有個老師說過一句話：「不要做情緒的乞丐」。意思是說，我們要學會為自己的情緒負責，這裡不僅指要能處理自己的負面情緒，也要知道如何去構建自己的正面情緒，而不是被動地靠外界的人和事來取悅你。去探索自己的正面情緒行動電源吧，讓它們成為你生活中的一部分，隨時給自己的情緒充充電。

3.4 負面情緒應急手冊

作為一個成年人，要學會能夠迅速給情緒靜音，不讓自己在情緒中做出衝動和錯誤的決策。這一節，我將分享一些應對負面情緒的原則和方法，教你製作自己的情緒應急手冊。

不帶著情緒做任何決策

我盤點自己的人生錯題本時，就發現二十幾歲時，經常在疲憊時到網上買買買，買的大多是一些不合適的物品，沒用一兩次就被清出去了。我的貓 Cream 剛來我家時，我一開心買了十一箱玩具，漂洋過海運到澳洲，結果發現大多數玩具牠都不喜歡。又比如我的學員D，因為連續加班和老闆吵架，一怒之下直接轉部門了，離開了效益特別好、別人擠破腦袋都進不去的部門。

所以應對負面情緒的第一原則，就是不要在有負面情緒時做任何決定，太多人在情緒支配下做了消極的反應，甚至在緊迫模式下對別人進行人身攻擊，以至於最後產生不可控的結果。

情緒應急包

很多時候情緒洶湧而來，但是因為一些場景限制，比如被老闆當眾批評，你最好不要當眾把老闆嗆回去。這個時候如果有一套已經被熟練掌握的情緒應急包，就可以幫上大忙。這個所謂的情緒應急包，就是應對負面情緒的步驟和方法。

步驟一：深呼吸

除了當下不做決定之外，最快速的讓自己的情緒靜音的方式就是深呼吸。因為呼吸是身體內連接交感神經和副交感神經的橋梁。當情緒激動時，你的交感神經會比較興奮，透過呼吸啟動了副交感神經，人自然就平靜下來了。

步驟二：扭轉負面情緒

靜下來之後，下一步就是給情緒充值，扭轉負面情緒了。Genos 情感智慧（一種用於領導者情感智慧發展專案的測評工具）介紹了四個大類的方法來和情緒相處：環境法、交流法、運動法、靜思法。

1. 環境法

所謂環境法，就是離開原來的環境，從當時的場景裡面抽離出來，比如說去咖啡廳，或者洗個澡，或者去看個短影片，都是改變環境的方式，當然也有些人去買東西。我自己更喜歡去外面散散步，如果條件不允許的話，我就會去找個咖啡館坐一會兒。如果咖啡館也去不了，我會看個影片，比如看個脫口秀之類的。注意，我不會看電視劇，因為很可能一看就上癮，然後停不下來。

2. 交流法

找一個人傾訴一下或尋求一下鼓勵。我自己很少用這個方式，偶爾和閨蜜吐槽幾句，但面對大的情緒波動時，我更喜歡自己換環境或者去運動。成年人對自己的情緒負責是基本要求，大家都有自己的困難和阻力，不應該額外再給別人增加負擔。再加上我性格內向，所以我不會輕易找人抱怨和傾訴。有些人性格比較外向和開朗，就比較適合用交流法，兩個好閨蜜定期向彼此吐槽一下生活也無傷大雅。這裡想給大家的建議是，吐槽發洩要看清對象，是不是合適的人，是不是合適的時機。如果身邊沒有合適的人選，你又特別想找人溝通，那麼我建議付費去找專業的心理諮詢師，有些心理諮詢師價格並不貴，能夠去傾倒一下心理垃圾，是一種不錯的心理保健法。

3. 運動法

身體是良好的情感反應機體，既能調整我們的生理狀態，也能調整情緒狀態。比如調整姿勢就可以改變自己的情緒。如果你去觀察自己的姿勢，你會發現當你情緒高漲的時候，你的姿勢是擴張的、開放的；當你情緒不好的時候，一般身體都是收縮的、抵抗的。當你情緒低迷時，把四肢伸展開，就可以讓情緒變好一點兒。我自己喜歡的運動是拳擊和Zumba。它們可以激發快樂物質多巴胺和內啡肽等激素的分泌，讓我的煩惱一掃而光。打拳的時候身體特別痠，打一場下來什麼情緒都沒了。Zumba雖然沒那麼激烈，但節奏歡快，也能讓我心情愉悅。通常情況下，面對情緒，運動都是我的第一選擇。

4. 靜思法

這種方法內向偏理性的人用得比較多，比如看書、寫日記等。這裡推薦兩個常用的方法，一個是轉念，另一個則是寫情緒覺察日記。轉念在下一節會重點講述，這裡重點介紹寫情緒覺察日記的方法。

情緒覺察日記

所謂情緒覺察日記，簡單來講，就是透過去覺察情緒以及情緒背後發生的原因，看見自己的真實需求並且尋找解決方案的一種方式。

情緒察覺範本：

（1）客觀描述發生了什麼事，這件事令我產生了什麼情緒？
（2）這種情緒想告訴我，還有什麼未滿足的需求或者期待？
（3）在這件事或者情緒中，我學到了什麼？
（4）當下我可以做點什麼讓事情順利進行，或者滿足我的需求和期待？

下面我們透過案例來一一拆解：

1. 客觀描述發生了什麼事，這件事令我產生了什麼情緒？

例：今天花了三個小時玩手機，工作計畫沒完成，我感到焦慮、失落、內疚。

這裡需要注意，第一，請儘量用客觀的語言來描述事情，比如，我這裡寫了「花三個小時玩手機」，而不是「我花太多時間看手機了」、「我這一整天光浪費時間了」，當你加入了自己的主觀感性來描述的時候，往往會加大情緒的渲染，且容易看不清真相。再舉個例子，有一個學員因為情人節沒收到伴侶的禮物感到很失望。她這樣描述：「他根本不在乎我，連個禮物都沒有，我感到特別失望和憤怒。」「他不在乎我」就是一句主觀想法，而不一定是客觀事實，可能伴侶準備了禮物，因為開會加班沒辦法送出來，也可能是他家裡出了事已經自顧不暇等。因此，儘量用客觀的語言來描述事實。

第二，詳細描述你的情緒感受、身體感受，並且給你的情緒強度打個分。當你描述情緒的時候，你往往就已經站在了「旁觀者」的位置，從原來的情緒漩渦抽離出來，站在更高的位置來看待情緒，而不會陷進情緒裡難以抽離。透過不斷察覺和描述情緒，給情緒命名和打分，你感知情緒的能力會增強，解析和應對情緒的能力也會增強。

2. 這種情緒想告訴我，還有什麼未滿足的需求或者期待？

例如，我期待自己能把時間都花在有用的地方，我認為只有足夠努力和高效，才算得上是一個優秀的人，才可以獲得更多的肯定，我才值得被愛。這讓我看見自己的一個隱藏信念：我浪費了時間＝我很糟糕＝我不值得被愛，這讓我常常自責。我看見自己期待被認可，被喜歡。

這個問題的意義在於挖掘出你的真實需求和內心渴望。很多時候，你並不知道自己想要什麼，而是做一些表層的事去滿足自己的偽需求。比如，在這個例子裡，你以為自己變成分秒必爭的工作狂，就可以真正滿足自己嗎？不是的，其實內心需要的是被認可，被愛。而要想達到這個目的，爭分奪秒地工作並不是唯一途徑。透過覺察，看見自己的真實需求，減少走不必要的彎路。當然，挖掘內心的真實需求，並不是一蹴而就的事，需要你像剝洋蔥一樣，一層一層剝開。

3. 在這件事或者這種情緒中，我學到了什麼？

例如，學著接納不完美的自己，我告訴自己，不完美的自己也值得被愛；工作時，手機不要放在隨手可以拿到的地方。

這個問題可以讓我們在情緒中反思和成長，當下次遇到類似問題的時候，以更好的方式應對。

4. 當下我可以做點什麼讓事情順利進行，或者滿足我的需求和期待？

A. 去練會兒瑜伽，釋放和緩解情緒。

B. 明天做計畫時注意留白。

C. 工作時注意把手機鎖在抽屜裡。

這個問題可以讓我們用實際行動去處理未消化的情緒，然後幫助我們把注意力放在行動上，畢竟唯有行動，才能解決問題；唯有行動，才能真正成長。

◇

以上就是關於情緒的一些調節方法，可以幫你避免做出錯誤決策，並快速地從負面情緒中走出來。情緒是我們的訊號導航儀，用好了情緒可以幫助我們了解自己，理解他人並達成合作，用不好就是害人害己的炸藥包，影響身體健康和人際關係等。期待你能夠構建屬於自己的情緒應急手冊，讓它在你產生情緒危機時迅速出動，避免你被負面情緒所控制和裹挾。

3.5 想法變了，心情就變了

車禍後我曾情緒瀕臨崩潰，為了自救，我不斷研究情緒管理的方法，其中對我影響比較深的就是情緒ＡＢＣ理論和一念之轉。

情緒ＡＢＣ理論

什麼是情緒ＡＢＣ理論呢？情緒ＡＢＣ理論是由美國心理學家艾利斯（Albert Ellis）提出的。其中的Ａ（Activating event）表示誘發事件，Ｂ（Belief）表示對這件事的看法和信念，Ｃ（Consequence）表示產生的情緒和行為結果。該理論認為，激發事件Ａ只是引發情緒的間接原因，而直接原因是個體對事件Ａ的認知、評價而產生的信念Ｂ。換句話說，你的情緒並不完全由發生的事件決定，而是由你對這件事的看法和信念決定。

舉個例子，你本來計畫今天去郊遊，但是因為突然下雨，你只能坐在家裡生氣。用ＡＢＣ理論分析，事件（Ａ）是「下雨」，你的反應（Ｃ）是「坐在家中生氣」，但是造成你生氣的直接原因，是你的看法（B）：我的計畫被打亂了，我只能憋在家裡了。但是如果你的想法換成：下雨天正好可以在家美美地看個電影。結果（C）則截然不同。

很明顯，我們「一念之轉」，轉的是什麼呢？是B，即我們對事情的看法和信念。

一念之轉

拜倫．凱蒂（Byron Katie）三十多歲時患上了重度憂鬱症。接下來的十年每況愈下，凱蒂有兩年幾乎下不了床，一心想著自殺。結果某天清晨，從絕望的深淵中，她產生了從此改變她一生的了悟。凱蒂發現，當她相信事情應該和現況不同時（比如，我的丈夫應該多愛我一點；我的孩子應該多感激我一點），她感到很痛苦。而當她不再有這些想法時，她找到了心中的平靜。她覺察到，造成她憂鬱症的並不是這個世界，而是她對世界的看法。與其絕望地設法改變世界來迎合自己的想法，不如質疑這些想法，並借由接受現實來擁抱現實，體驗前所未有的自由與喜悅。凱蒂發展了一套簡單卻功效強大的探究過程，又稱為「功課」，使得由苦至樂的轉變不再高不可攀。一個一度下不了床想自殺的女人，從此對世間萬物充滿了愛，並寫出了經典暢銷書《我需要你的愛。這是真的嗎？》（*I Need Your Love -- Is That True?*）。

具體如何轉念呢？拜倫．凱蒂的一念之轉功課給出下面這幾個問題：

（1）這是真的嗎？

（2）這真的是真的嗎？（你能百分之百肯定那是真的嗎？）

（3）如果你有這樣的想法，你會怎麼樣？

可以根據情況在第三句話後追問兩句：

1）你能否找到一個理由讓你放下那個想法？

2）你能否找到一個理由讓你毫不焦慮地持有那個想法？

（4）如果你沒有這樣的想法，該會是個怎樣的人？

車禍後的那段日子，每當想到可能一輩子都跟輪椅打交道，沒辦法穿漂亮裙子，沒辦法跟家人逛街，更別提去運動、爬山……我都會陷入絕望的深淵，無數個夜裡睜眼到天亮，滿眼淚水，早上起來枕頭是溼的，不知道該如何面對接下來的人生。當時我最大的念頭是我的下半生廢了，幸福與我漸行漸遠了。後來，我開始用一念之轉的方法來轉念。我改變不了車禍的事實，也改不了全身多處骨骼受損的事實，能改變的，也只能是「念頭（B）」了。

我開始用這個問題，反覆問自己。

（1）這是真的嗎？——是真的。

（2）這真的是真的嗎？（你能百分之百肯定那是真的嗎？）——呃，也不是一〇〇％肯定，九十%以上吧。

（3）如果你有這樣的想法，你會怎麼樣？——我感覺悲傷，沮喪，不快樂。

根據情況在第三句話後追問兩句：

1）你能否找到一個理由讓你放下那個想法？——沒有，除非我身體恢復了。

2）你能否找到一個理由讓你毫不焦慮地持有那個想法？——找不到。

（4）如果你沒有這樣的想法，那你該會是個怎樣的人？——我會努力讀書，好好學英語，搞好社交，為畢業進投行做準備，然後在美國多走走、多看看。

這是我第一次試著轉念，很顯然，結果是沒什麼用。直到有一次在 YouTube 上無意中看到一個影片，是力克·胡哲（Nick Vujicic）的演說。他是澳洲的演講家，出版過《人生不設限》（*Life without limits*）、《真愛不設限》（*Love Without Limits*）、《為自己站出來！》（*Stand strong*）等書籍。胡哲天生沒有四肢，只有左側臀部以下的位置有一個帶著兩個腳趾頭的小「腳」，但是他站在演講臺上卻光芒四射。我突然看到了一個身體狀態比我差很多的人，貌似過得還挺幸福，事業、愛情一個都不少，這動搖了我的一○○%肯定，變成了五十%。我開始思考：難道身體不健康，我就真沒辦法幸福生活了？我能做點什麼讓自己每天感覺更好一點呢？

當你處在極度痛苦的時候，其實幸福的臨界點也是挺低的。那個時候，我只要身體沒那麼疼，就會很開心。對我而言，找到健康就等於找到幸福。自從有了這個念頭，我變得沒那麼沮喪了。我的注意力開始改變，想著如何讓我的身體更好一點，怎麼能讓自己開心一點。正是因為轉念，我慢慢從那種情緒崩潰的狀態中走出來。

有的時候，有些觀念真的很難「轉」，我就試著去「斷掉」那個念頭。比如到了澳洲兩年後，只要不做劇烈運動，我的身體基本和正常人無異了。但是，我非常害怕陰天下雨，只要這種時候，我的日子就會變得煎熬起來，晚上翻來覆去疼得睡不著，開車的時候，膝蓋會抽筋不聽使喚，踩不了剎車。我不斷問我的醫生和物理治療師，我還能做點什麼？得到的答案始終是：Something you can't change it, live with it.（有些事你改變不了，只能與之相處）。我明白這個道理，可是還是讓我陷入絕望好幾天。我不斷問自己：這是真的嗎，真的是真的嗎？我又卡住了。因為問的這兩個人是我當時能找到的最權威的人士。

我當時的沮喪，源於自己深深的無力感，還有難以忍受又無法改變的疼痛。後來，我找到了一點小樂趣，我發現我的膝蓋和尾椎比天氣預報還準，看著別人的車停在了外面被冰雹砸了，或者下大雨被困住了，我卻能安穩躲在家裡。說不上是竊喜，但確實沒那麼悲傷了，能夠基本客觀地看待這件事了。

經過多年訓練，我現在已經能夠比較快地斷掉一些念頭了，我會問自己兩個問題：

這個想法能讓我產生愉悅的情緒嗎？

這個想法對結果有支持作用嗎？

如果這個念頭不利於我達到最後的結果，也不能讓我情緒愉悅，我會很容易地放下它。

情緒的產生，不僅僅受誘發事件影響，更是由自己對事件的看法和信念所決定。其實很多負面情緒事件的背後，都有積極正面的意義。當我們學會轉念，看見積極的意義，想法變了，心情也就變了。然而每個人的信念和價值觀都跟自己的家庭教育、成長環境等相關，已經潛移默化地嵌入自己的心智和行為模式中，所以大多時候，你很難發現自己信念的不合理性。這時不妨多跟人請教（或者讀書、學習、旅行等），在跟不同的人和事情的碰撞中，你會發現自己的認知盲點，鬆動原有的信念和認知，從原來的情緒慣性中走出來。

3.6 改變這四種模式，放下憤怒情緒

憤怒是我們日常中非常頻發的情緒，生活中各種人和事都有可能會引起你的憤怒，比如你可能因為堵車生氣，因為伴侶不做家務生氣，因為孩子考砸生氣，因為父母不愛惜身體生氣，甚至會因為外送遲到三十分鐘生氣。人們不僅僅因為外界的人和事憤怒，還會對自己憤怒，比如考了好幾次還沒通過考試，制定了目標卻無法完成計畫，此時你看似對外界發脾氣，其實是對自己無能而憤怒，只是沒有意識到或者不想承認罷了。

除了具體的人和事，一些創傷性記憶也會引發憤怒。創傷性記憶是內心裡留下了創傷性的情緒火藥，當外界給了你同樣的感受時，你的情緒記憶會被自動調用。這種情況建議尋找專業的心理諮詢師處理。

憤怒的發生過程

既然憤怒是最普遍的負面情緒，那就先來看一看為什麼我們會憤怒。憤怒研究者瑞安·

馬丁博士（Dr. Ryan Martin）在他的演講中描述過憤怒情緒產生的過程，如圖3-2所示。

當我們處在預生氣狀態時，受到了刺激，然後這個刺激進一步被理解和評估，最後產生了一個反應——生氣。

我們前面已經提過情緒ＡＢＣ理論，如果跟圖3-2對應的話，可以看得到，事件Ａ對應這裡的「刺激」，認知／信念Ｂ對應「理解，評估」，結果Ｃ對應「生氣」。

這裡值得我們注意的是「預生氣狀態」。預生氣狀態是指在觸發事件發生之前我們已經處在壓力狀態，有可能是生理層面上的（比如勞累、饑餓、身體不舒服），也可能是心理層面上的（比如焦慮、緊張、挫敗）。這就解釋了為什麼我們面臨同樣一件事，有的時候會生氣，有的時候不會——只有當我們處在預生氣狀態時

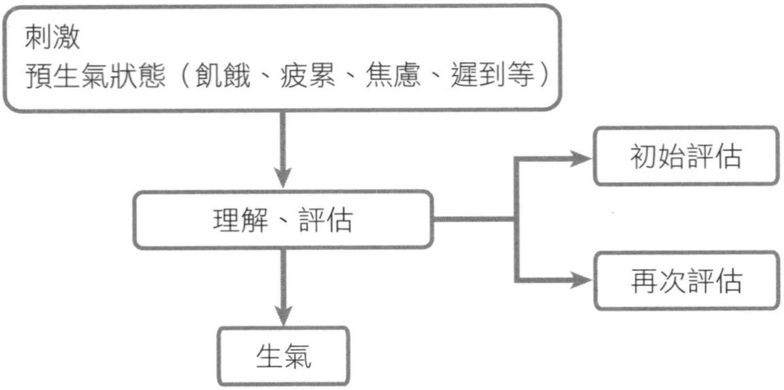

圖 3-2　憤怒情緒產生的過程

才更容易生氣。可以看得出，預生氣狀態往往也是精力不足的時刻，或者是身體上的能量匱乏（饑餓、勞累），或者是心理上的能量告急（焦慮、遲到）。不知道你有沒有留意過，自己什麼時候最容易發火？是不是晚上已經疲憊不堪，孩子還磨蹭著不寫作業或者不洗漱睡覺的時候？或者開車著急趕路的時候？因為這些時刻都是典型的精力不夠的預生氣狀態。到底是因為精力不足導致了憤怒，還是憤怒消耗了精力，進一步導致精力不足？這類似於一個雞生蛋蛋生雞的問題，總之，這是一個負向循環，務必要跳出這個迴圈。這也給了我們管理憤怒情緒一個思路：如果想減少憤怒情緒的產生，就儘量不要讓自己處在極度疲憊的狀態裡。

減少情緒憤怒的另一個思路，則是去干預這個過程中的「理解評估」模式，即我們的認知和信念（B），我稱之為「認知重組」。那麼，容易引起情緒憤怒的認知和信念主要有哪些呢？我總結為四類：災難化思維、二元對立思維、「應該」思維以及「人事不分」思維。

四種引發憤怒的認知模式

一、災難化思維

什麼是災難化思維呢？舉個例子，我今天趕飛機，到了機場卻發現航班被取消了。這個時候有些人會非常憤怒，有些人則比較淡定。什麼樣的人最容易憤怒呢？是那些放大問題、災難化結果的人。他會認為，今天飛機取消了，我沒按時趕到客戶那裡，客戶會不會對我不滿意？我會不會失去這個客戶？老闆會不會看低我？我今年的工作績效會不會被影響？等等。他的頭腦中一瞬間就疊加了一堆災難化場景。有些想法是正常的，有些則是放大了災難。往往那些有災難化思維的人，遇到一點風吹草動就會生氣。再舉個現實中常見的例子，孩子考試沒考好，有的家長會暴跳如雷。這樣的家長心裡想的是什麼呢？「讓你好好學習，你不好好學，你看考砸了吧？再這樣下去，以後等你考不上大學，找不到工作，賺不到錢，怎麼辦，難道靠啃老嗎？讓你不要打電動，還偷偷玩，以後打電動成癮了，又沒能力養活自己，怎麼辦啊？」家長越想越氣，恨不得揍孩子一頓。事實上，一次考試沒考好導致長大沒工作或者電玩成癮的機率能有多大？這就是典型的災難化的結果。

二、二元對立思維

容易引發憤怒情緒的第二種認知模式是「二元對立思維」，也就是非黑即白、非對即錯的思維模式。那些愛憤怒的人，總以為自己是對的，當別人的想法跟他不一致時，就會憤怒。然而，世界上真的有絕對正確和錯誤的事情嗎？有這樣一個小故事：在一次警匪交戰中，一個員警和歹徒同時受傷被送到醫院。因為醫院資源有限，醫生先去救治了歹徒，而員警因為救助不及時而犧牲。等在外面的員警非常生氣，跟醫務人員產生了一些摩擦。在他們看來，員警是去救人的，理應得到優先救治，而歹徒十惡不赦，本就可以判死刑的，憑什麼先救他？但是從醫生的角度來看，他們要遵守自己行業的希波克拉底誓言，他們在搶救病人時，要遵守眾生平等的原則，理應優先救治受傷更嚴重的歹徒。在這種情況下，誰對誰錯呢？只是立場不同罷了。

其實這在日常生活中也很常見。最近我父母在裝修，在訂傢俱的時候，我爸爸看上了一套顏色很深的傢俱，但是我更希望他們選擇原木色的傢俱。因為長期研究心理學，我知道顏色對人是有影響的。我覺得父母年齡大了，不希望家裡總處在一種壓抑的氛圍裡，顏色淺一點的傢俱，會讓家裡顯得溫暖、明亮和溫馨。但是，我爸媽堅決不喜歡原木色的東西，這不符合他們的審美，他們就喜歡那種深色的中式風格的傢俱。所以，這件事到底聽誰的呢？我採用的方式是，誰是房子的主人就聽誰的，我尊重了爸媽的意見。如果在幾年前，我可能還會跟爸媽去爭論，如果他們不聽我的意見，我可能還會有點生氣。但是現在我明白，那不過是我們在各自的邏輯和認知裡去堅持自己的東西而已。所以在二元對立產生的時候，我們不能只看表面的爭論，而是需要去溝通，去理解對方的需求，站在對方的立場看問題，有一個基本的同理心，而不是因為意見不同而針鋒相對。很多時候很難說誰對誰錯，有可能雙方都是對的，也有可能雙方都是錯的。我們不需要把己方答案看得那麼重要，不要認為任何事物都有一個正確答案。當你放下了非對即錯的執念，很多事情也就不會再引起你的憤怒。

三、「應該」思維

引起憤怒情緒的第三種認知模式是「應該」思維。什麼是應該思維呢?就是在他眼裡，這個事情應該怎樣，那個事情應該怎樣，有很多標準和判斷，有很強的掌控欲。其實這跟上面的二元對立思維有些相似之處。專門研究憤怒情緒的心理學專家德芬巴赫博士（Dr. Deffenbacher）說：「憤怒程度高的個體給我們的潛在資訊是『事情應該按照我的意願發展』。憤怒的人往往認為他們是正確的，因此任何阻礙或改變他們計畫的人/事物都是無法容忍的，他們認為自己不應該遭受這樣的痛苦，可能別人應該，但『我』一定不應該。」有些人的應該思維太過強大，總認為事情的走向應該按照自己的意願發展，不允許任何人中途去改變或者打破他的計畫。萬一他的計畫沒有百分百被實施，是他難以容忍的。有些人在親密關係中，常常因為一些應該思維而彼此傷害。比如，有些人自我要求高，然後就會拿著相同的標準去要求伴侶和孩子，還要求伴侶和孩子也拿著這套標準來要求他們自己。當對方達不到這種要求時，他就會失望，進而憤怒。

可是，你是否想過，這套標準是否因為太高而不切實際，你的標準放在別人身上，是否符合別人的意願?有些家長在給孩子補習功課的時候，講了三遍，孩子聽不懂就開始發火了，往往這個時候，家長都以為孩子應該聽懂，但是孩子的理解能力真的達到了家長以為的水準嗎?有些老闆覺得員工應該像自己一樣熱愛公司，熱愛加班，可是這樣的應該真的符合員工的利益嗎？面對這些因為應該思維而產生的憤怒時，我們要去反思，我們的「應該」是不是只是自己的習慣性思維？它真的符合現實嗎？還有其他可能性嗎？當你放下了這些「應該」，你會輕鬆很多，憤怒會少很多。

四、「人事不分」思維

其實這一點跟我們的自尊心有關。有些人的自尊心並不是很穩定，當他遇到一些表現不如意的事情，外界給了他一個「負反饋」，感覺自尊心受到傷害，他就會非常的憤怒，覺得別人在否定自己，甚至自己都在否定自己。記得在剛開始工作的時候，我面對公司裡各大名校背景的「大神」有些自卑，應對自己的工作又有些捉襟見肘。當我的長官在辦公室當眾指出我的錯誤時，我恨不得當場嗆回去，我覺得是她看不起我，認為我不行。其實現在看來，只是我脆弱的自尊心在作怪。我沒有做到「人事分離」，把長官的一句話，跟自己的自尊心連接了起來。當我們把人和具體的事情分開，知道事情沒做好，不代表我永遠做不好，這只是一個短暫的狀態，不是永恆的結果。當我們有了這個認知，就不會因為別人的一個評價而暴跳如雷，也不會因為自己做不好而生氣。關於自尊心的部分，在這章的後面有更多解釋，可以去深入了解。

◇

透過理解憤怒的產生過程，我們認識到，避免讓自己處於「精力告急」狀態，以及改變自己的思維認知，是減少憤怒的關鍵因素。在日常生活和工作中，注意避免災難化思維、二元對立思維、「應該」思維以及「人事不分」這四種認知模式，可以幫你減少憤怒，做情緒平和穩定的自己。

3.7 解讀焦慮訊號，過不焦慮的人生

對於現代人而言，焦慮可以說是非常普遍的情緒。什麼是焦慮？焦慮其實是對未來未發生的事情的擔憂與恐懼。焦慮本是一種正常的情緒，可以理解為是一種心理防禦機制，讓我們變得警醒以應對未知或者可預測的危險。但是，現在很多人都存在過度防禦的現象，嚴重者甚至影響了工作和生活。

現代人為何如此焦慮

德國心理學家卡倫·荷妮（Karen Horney）在她的著作《我們時代的病態人格》（*The Neurotic Personality of Our Time*）中說，「為了欲望，為了安全的需要，有時人們會認同、順服、屈從某些自己也並不相信的東西，但最後總要付出極高的心理代價，因為他無法避免激烈的內心衝突。」無法否認，現在的一些社會風氣和過度的行銷展示，以及網路上的那些學霸，總會讓你覺得生活應該是什麼樣子的，而自己總是離那些標準還有一些距離。總有人

賺的比你多，房子比你的大，工作比你努力，孩子比你的優秀。同齡人在拋棄你，後輩人在追趕你。欲望太多，精力太少，當有限的精力匹配不上增長的欲望，焦慮就產生了。

有時候，我們就像被潮水裹挾著，一股腦地往前沖，忘記了思考一下自己內心想要什麼。這幾年很多人都很喜歡一些百萬網紅描述田園生活的影片。影片裡的網紅們過著世外桃源般的生活，一處小院，遠離城市的喧囂和快節奏，日出而作，日落而息，以最樸實的方式呈現著田園風光和返璞歸真的美學，活成了多少人的嚮往。或許，我們之所以嚮往，就是因為我們厭惡了現實裡你追我趕永不滿足的奔跑，我們也幻想著，換一條賽道，讓自己悠然自得。什麼樣的人才能不被裹挾呢？是那些真正理解自己，知道自己是誰，心裡有「根」的人。當你知道內心想要什麼，堅定自己的目標，即使依然很忙，也可以在自己的賽道上忙而不亂。

我並不是一個只熬雞湯卻不行動的人，雖然我說「你可以不被裹挾」，但是我也承認，我們都是普通人，上有老下有小，上有老闆要彙報，下有員工要負責，雖然被飛快的工作節奏捲到疲憊，但是依然要負重前行，生活中很難沒有焦慮。那麼，在這樣的大背景下，我們日常中能做點什麼，讓自己過得沒那麼焦慮呢？

如何應對焦慮情緒

我們前面提過，任何情緒的來臨，都帶著想要告訴你的資訊，焦慮也不例外。焦慮這種情緒想告訴你什麼呢？無非告訴你以下四種資訊：時間和精力緊張、能力不足、事情很重要、不確定因素過多。

一、時間和精力緊張

當一個任務時間很緊的時候，你會焦慮。就比如二〇二二年七月的時候，我接到編輯的邀請寫第三本書，並且開出的條件很誘人。但是我當時馬上就感到了焦慮，說實話，我當時在搬家，要直播，要上課，還在寫這本書，基本處在滿負荷的狀態，當聽到讓我去寫樣章參加審稿會的時候，我本能地感到緊迫。怎麼辦呢？我就去和編輯溝通，協定好明年年底再交稿。當我把時間軸拉長以後，這種焦慮馬上就不見了。對於這種由時間緊張導致的焦慮，要麼選擇延長時間，要麼主動去增加資源，都是很有效的方式。

什麼是增加資源？比如老闆讓你二十四小時內完成一個全新的ＰＰＴ，你可以選擇把ＰＰＴ美化部分外包出去。又比如一位媽媽要在職場上完成一個緊急專案，可以邀請伴侶或者請個保母來照顧孩子，以便自己有更多時間投入到工作上。當你有了足夠的資源，時間和精力沒那麼緊缺時，焦慮就緩解了。

二、能力不足

比如我剛開始接到同讀書院的工作邀請時，我也有些焦慮，雖然我自己也做ＩＰ，但是我一直專攻於產品和服務，這次合作中涉及的銷售和引流部分一直是我的弱項。但是我知道這件事從長期來看，對我是有好處的，所以還是接了下來。我識別了這個壓力來源於我的能力不足，就去報名了兩個課程，請了兩個相關領域比較有成果的老師做我的私人顧問。我一邊學一邊做，還有老師給我回饋，這就彌補了我的能力上的短處。我的交付結果，是我個人當前的能力加上我的學習結果，以及後面兩個智囊給我的支持，我的焦慮就消散了。其實很多時候，我們會因為焦慮而放棄一些難得的機會，其實你本可以去提升自己的能力，透過學習或者借力彌補不足。記住，不要讓焦慮影響你做正確的選擇。

三、事情很重要

記得在國外讀書的時候，有一門課的期末作業是要求我們分組完成論文，然後再以ＰＰＴ的形式去做一個演講彙報。這個演講在期末分數中占不小的比例，並且演講只選兩個同學代表，但是會影響全班四十五個人的成績。而我就是那個要做ＰＰＴ彙報的人。我全程跟進了整個過程，也提早很多準備，但是依然很焦慮，我發現我的焦慮源於這件事太重要了，它決定了很多同學最終能否順利拿到學分，這給了我太大的壓力。我看到了這件事的重要性，於是就花更多時間去準備，把所有的內容了然於心，隨著我準備得越來越熟練的時候，我的心也靜了下來。

四、不確定因素過多

對於這類不確定性太多的事情，要麼去尋找更多資訊，增加確定性，要麼就遵循一個原則：盡人事聽天命，與其焦慮無法控制的部分，還不如把注意力放在自己能把控的地方。

在我看來，焦慮的頭號敵人是「行動」。當你為一件不確定的事情過分擔憂的時候，不如直接去做點什麼，去創造你想要的結果。也許心中的目標讓你覺得太過遙遠而給了你更多的焦慮，但是當你能識別這個訊號，並能拆解出確實可行的步驟，尋找可用的資源，你就可以破解它，而不會成為焦慮情緒的俘虜。

3.8 跟壓力愉快地玩耍

在如今的快節奏生活下，好像人人都頂著巨大的壓力，如果誰說自己沒壓力，反而成了異類。家長週末帶孩子穿梭於各種補習班之間，自己還要想著工作。有時候一邊輔導孩子作業，還一邊拿著手機回覆工作訊息。大家馬不停蹄地奔跑著，追趕著，生怕自己空下來。我以前剛到澳洲的時候，看到大家在海邊什麼都不做，只是躺著晒一天太陽，也是很不習慣。其實，從精力的角度講，一直緊繃著是不科學的。我們只有保持張弛有度的狀態，才能保證高精力水準和高效能產出。也正是如此，如何與壓力和諧相處，如何平衡工作和休息，成為成年人的必修課。

壓力的積極意義

什麼是壓力呢？從生理角度來講，當人在受到威脅或刺激時，身體的交感神經系統會被啟動，並開始釋放大量的壓力荷爾蒙。這會使得整個身體處於緊迫的狀態之下。此時，人的心跳會加速，肌肉會變得緊繃，血壓上升，呼吸變得急促，感官變得敏銳。從壓力來臨時的身體變化可以看出，壓力反應在遠古時代是存在於我們肌肉記憶力的「戰逃反應」，幫助人類在遭遇威脅時快速進入戰鬥狀態或者逃跑。

因為壓力來臨時，身體會發生一系列反應，很多人會說，壓力對身體是有危害的。真的是這樣嗎？在凱莉．麥高尼格（Kelly McGonigal）的演講中提到，壓力對於健康的有害影響並不是不可避免的，關鍵在於你如何看待壓力。如果你選擇將壓力視為有益的，你會變得有勇氣。如果你選擇在有壓力時與他人溝通，你會變得有韌性。當然，如果你覺得一有壓力天就塌了，消極對待，那麼壓力對身體就有消極影響。

其實壓力對我們是有好處的，因為當你有壓力的時候，大部分時候都是因為你走出了舒適區，進入了成長區。在舒適區，你很少有壓力和焦慮，不需要太努力，但是也丟掉了成長的機會。一旦進入成長區，你會感到不舒適，需要付出努力去克服，一旦熟悉後，壓力會逐步變小。所以，壓力對我來講，就是個號誌燈。壓力的存在，正好是鍛鍊「逆商」的時候。

什麼是「逆商」呢？「逆商」（Adversity Quotient，簡稱ＡＱ）全稱為逆境商數，還有人譯為挫折商或逆境商。它是指人們面對逆境時的反應方式，即面對挫折、擺脫困境和超越困難的能力。其中壓力測試就是逆商測試中的一部分，壓力的到來正是一個訓練我們的逆商的好機會，可以增加我們的抗壓力甚至是意志力精力，訓練我們百折不撓的精神。

所以，從此刻換個觀念，壓力是個好東西，別怕，更別逃。

如何跟壓力愉快玩耍

說壓力是個好東西，前提是你要正確學會應對壓力和平衡壓力。你不可能長期處在壓力中，最好的狀態是處在一個動態平衡中。就像一根橡皮筋，你不能讓它長期處在伸長的位置，需要讓它適當回縮，才能保持彈性。或者你把自己想像成肌肉，當肌肉過度使用時就容易拉傷，如果經常不用就會萎縮。所以壓力的平衡，也是一門藝術。

我之前會用番茄鐘來刻意訓練自己的「恢復力」，比如連續工作了九十～一百分鐘，只給自己兩分鐘休息。經過一段時間的刻意練習，壓力恢復的時間會有機會縮短。比如說有些運動員比賽的時候叫了一～兩分鐘的暫停，之後他立馬就絕地反擊，追回比分。還有一些人打乒乓球，暫停之後，表現越來越差。這就是能否快速休息和恢復帶來的區別。

現在很多人會拚命工作，但就是不會放鬆和恢復。就像是一個電池，只是耗電，但根本不懂得充電，不充電必然就容易導致當機。其實充電分兩種，一種是主動的，比如我會主動給自己設置休息時間按下暫停鍵。另一種是被動放鬆，也就是你的壓力實在太大了，而被迫停下。在這種被動的情況下，你很難有好的表現。一般被動釋放壓力有哪幾種表現呢？最常見的，比如情緒崩潰、生病，這些都是壓力下身體給你的訊號。

值得注意的是，每個人都有屬於自己的「度」和「節奏」，我們要尊重自己的生理規律，你一旦把休息時間放得過長，重啟也會痛苦，就相當於車子熄火後，你需要點火、熱車、加速，花費的時間會比較長。人可不像車子這麼簡單，因為人是有情緒的，你一旦調動了情緒，就很難快速走出來，從而進一步影響我們的精力水準。

除了注意充電時長，每個人充電的方式也是不同的。以前，我覺得我愛旅行，那麼旅行就是我的充電方式，但後來發現，不是的，旅行也分各種具體情況。如果我去海島，關掉手機，躺在海邊，晒晒太陽，就會感覺很放鬆。但如果去新的城市旅行，我就會非常亢奮，比如我去佛羅里達州海明威的故居，就忍不住去研究他的故事，恨不得把他爺爺和孫子都研究一遍，這個時候根本放鬆不下來。

去旅行還是需要較高成本的，那麼日常有沒有更簡單的應對壓力方法呢？比如工作時間長了，有點頭疼，如何快速恢復呢？最簡單的方法是去運動，從腦神經科學角度講，運動改變大腦，運動會刺激多巴胺的分泌。當然，運動要適量，假如你的體能就能維持三十分鐘跑步，就不要一次跑兩個小時，這種超負荷的運動起不到放鬆的作用。除了運動，做個水療按摩也不錯。有的時候，我會找個好朋友聊聊天，也會覺得很放鬆，疲憊不知不覺就消散了。

當意志力崩潰或者身體非常疲憊的時候，我很大機率會直接睡覺，而且不做任何決定，因為決策也會導致疲勞。

當然，有的壓力並不是我停下來休息或者放鬆就可以緩解的。比如一個大的專案急著要完成，此刻讓我去度假或者停下來去找朋友玩一天，我也不會有那個心情，這個時候，我們就需要學會「轉化壓力」。其實壓力跟焦慮往往相伴相生。當你產生壓力的時候，往往也代表著以下四個方面出現了挑戰：時間、能力、資源和重要性。這跟焦慮的情緒訊號是類似的，具體可參考〈解讀焦慮訊號，過不焦慮的人生〉那一節（參見 P.137），把壓力轉化為行動力，壓力就不再是問題。

漸進性肌肉放鬆法

除了旅遊、運動、按摩等緩解壓力的方式，在生活中有沒有更方便高效的方式呢？下面介紹一種隨時隨地能用的放鬆方式——漸進性肌肉放鬆法（ＰＭＲ）。它最早由美國生理學家埃德蒙．雅各布森（Edmund Jacobsen）於二十世紀三〇年代創立，後來被逐步完善，是目前被廣泛應用的一種放鬆方式。

人的放鬆，包括身、心、腦三個方面，從任何一個方面入手，都可以起到放鬆的作用。因為我們的身體和思維、情緒是相關聯的，改變身體，情緒、思維也會出現變化。當你心情緊張時，不僅「情緒」上緊張、恐懼、害怕，思維混亂，而且全身肌肉也會變得沉重僵硬；但當緊張的情緒鬆弛下來後，沉重僵硬的肌肉也可鬆弛下來，頭腦也會安靜下來。比如我們去按摩的時候，會發現僵硬和疼痛的肌肉放鬆下來，身體的疲勞隨之減輕，心情也會輕鬆愉悅。有一次去上瑜伽課，跟著老師進行肌肉放鬆練習，我發現自己入睡變快了，深睡時間長了，睡醒後的精力狀態也越來越好。從那個時起，我就越發注意到肌肉放鬆的神奇功效。漸進性肌肉放鬆法，就是從肌肉放鬆入手，訓練我們能隨意放鬆全身肌肉，從而達到保持心情平靜，緩解緊張、恐懼、焦慮等負面情緒的目的。

漸進式肌肉放鬆法如何具體操作？

你可以坐著或者躺著，依次放鬆身體的各個部位。

1. **腳趾肌肉放鬆**

動作要領：將雙腳腳趾慢慢向上用力彎曲，與此同時，兩踝與腿部不要移動。持續十秒鐘（可勻速慢慢默數到十），然後漸漸放鬆。放鬆時注意體驗與肌肉緊張時不同的感覺，即微微發熱、麻木鬆軟的感覺，好像「無生命」似的。二十秒鐘後，做相反的動作，將雙腳腳趾緩緩向下用力彎曲，保持十秒鐘，然後放鬆。

2. **小腿肌肉放鬆**

動作要領：坐立，將雙腳向後上方朝膝蓋方向用力彎曲，使小腿肌肉緊張。保持該姿勢十秒鐘後慢慢放鬆。二十秒鐘後做相反動作。將雙腳向前下方用力彎曲，保持十秒鐘，然後放鬆。放鬆時注意體驗緊張感的消除。

3. 大腿肌肉放鬆

動作要領：坐立，繃緊雙腿，使雙腳後跟離開地面，持續十秒鐘，然後放鬆。二十秒鐘後，將雙腿伸直併緊同時併攏雙膝，如同用兩隻膝蓋緊緊夾住一枚硬幣那樣，保持十秒鐘後放鬆。注意體驗微微發熱的放鬆感覺。

4. 臀部肌肉放鬆

動作要領：將雙腳伸直平放於地，用力向下壓兩個小腿和腳後跟，使臀部緊張。保持此姿勢十秒鐘，然後放鬆。二十秒鐘後，將兩片臀部用力夾緊，努力提高骨盆的位置，持續十秒鐘，隨後放鬆。這時可感到臀部肌肉開始發熱，並有一種沉重的感覺。

5. 腹部肌肉放鬆

動作要領：高抬雙腿，使腹部四周的肌肉緊張，與此同時保持胸部壓低，保持該動作十秒鐘，然後放鬆。注意由緊張到放鬆過程腹部的變化。二十秒鐘後做下一個動作。

6. 胸部肌肉放鬆

動作要領：雙肩向前併攏，保持胸部四周肌肉緊張，體驗緊張感，保持該姿勢十秒鐘，然後放鬆。此時，會感到胸部有一種舒適、輕鬆的感覺。二十秒鐘後做下一個動作。

7. 背部肌肉放鬆

動作要領：向後用力彎曲背部，努力使胸部和腹部突出，呈橋狀，堅持十秒鐘，然後放鬆，二十秒鐘後往背後擴雙肩，使雙肩儘量合攏以緊張其上背肌肉群。保持十秒鐘後放鬆。放鬆時應注意背部的感覺。

8. 肩部肌肉放鬆

動作要領：將雙臂外伸懸浮於沙發兩側扶手上方，盡力使兩肩向耳朵方向上提，保持該動作十秒鐘後放鬆。注意體驗發熱和沉重的放鬆感覺。二十秒鐘後做下一個動作。

當你感到疲倦時，可以做這套動作讓自己休息放鬆一下。睡前也可以做一遍，幫助自己快速入睡，提高睡眠品質。當你練習得足夠多，會越來越快地將渾身肌肉放鬆下來，這將成為你的一套強有力的放鬆工具。

◇

了解了這麼多的減壓方法，你的最高效的減壓方式是什麼呢？你多久需要給自己一個小的減壓，什麼時候需要一個大的減壓呢？這需要你自己去探索、體驗和記錄。當你對壓力有了一個正向的認知，學會正確解讀壓力訊號，並且有一套自己的壓力恢復方式，壓力就不再是你的敵人，而是助你成功的助推器。

3.9 放下完美主義，減少精力內耗

前面我們了解和認識了情緒，以及在日常生活中如何增加積極情緒、應對負面情緒和壓力。其實，當你對自己的情緒模式了解越深入，你會發現，這些消耗我們精力的情緒模式背後還有一些更深層的原因，就如同一臺電腦的底層作業系統，幾乎每種情緒挖掘到最後都離不開這套底層的內容，比如，你的自我接納的程度，你的自尊自信水準等。有些人的底層作業系統，是為他的精力做加法，即賦能（賦予能量與力量）的，而有的人的底層作業系統，則是在原有精力基礎上做減法的，我稱之為內耗型思維。接下來四節，我們將主要討論如何調節這套作業系統，從根源上調整情緒，從「耗能」到「賦能」模式。

我們主要討論最常見的四種「內耗」模式，分別是完美主義、低自我接納、低自信與低自尊。我們先從完美主義說起。

完美主義的內耗模式

「以追求完美為藉口，無論大事小事，一切工作都崇尚嚴謹，不允許出現任何失誤，想靠自己的力量去完成所有工作，結果總在拖延、猶豫、推遲……不僅工作毫無成果，還把自己折騰得疲憊不堪。」古川武士在《聚焦20%高密度工作力》[5]中這樣說道。完美主義者傾向於設定高目標，並以此作為自己有價值、被接納的條件，若目標不能達成，便會從整體上否認自己。完美主義者不僅僅會設定高目標，還會因為他定的目標過高而不敢開始，當一件事的把握程度沒那麼高時，他的畏難情緒會很大，他的完美主義會把它推向行動力極弱的一端，這是第一種內耗。第二種常見的內耗方式是，當這件事沒有達到他的心理預期，他可能會很不滿意，還順帶著自我否定。所以，完美主義者在事情開始前猶豫拖延，在過程中反覆糾結，在結束後又各種挑剔和不滿意，是一種非常典型的內耗特質。

完美主義的固定型思維

根據我在教學和個案中的經驗，我發現所有的完美主義者都有固定型思維。什麼是固定型思維呢？簡單舉個例子，有人張口就說：「我從小就這樣，腦子笨」、「我是個內向的人，不愛說話」。有固定型思維的人，習慣定義自己是什麼樣的人，好像上天就是如此安排的，無法改變。為什麼會出現這種思維呢？在《心態致勝》[6]這本書裡作者提到，人們擁有固定型思維，是由於他們在人生的某一刻，這種思維是符合他們心理需求的。固定型思維告訴他們是誰，或者他們想成為什麼樣的人。比如一個聰明或者有天賦的孩子，會告訴他們如何成為這個理想中的人或者表現優秀。這種思維模式能夠為當時的他提供獲得自尊的方案，讓他獲得他人的喜愛和尊敬。

我的一個諮詢案主曾跟我講過她的故事（已授權）：「我從小就被家人說不會講話，不會哄長輩開心。所以，我一直覺得自己是個不討喜的人。但是自從上小學後，我的學習成績特別好，這好像成了我被家人喜歡的唯一理由。當家長們聊家長裡短的時候，只要提起我的成績，爸媽都覺得臉上有光。可能就是從那個時候，我給自己定義為，我是個不會說話，但是會學習的人。這導致了我越來越不喜歡在別人面前講話，但是對自己的成績要求非常高。每次考試之前，好像怎麼複習時間都不夠用，恨不得把每一分、每一秒都要利用起來，我輸

5：《聚焦20%高密度工作力：學會挑工作做，用最少時間得到最大成效》（図解2割に集中して結果を出す習慣術），〔日〕古川武士，采實文化，二〇一八。

6：《心態致勝：全新成功心理學》（*Mindset: The New Psychology of Success*），〔美〕卡蘿·杜維克（Carol S. Dweck），天下文化，二〇一三。

不起，不敢想像爸媽失望的目光，似乎只要有一次我考不好，我在爸媽面前就丟掉了唯一的擋箭牌。」這個女孩有非常強的完美主義傾向。因為完美主義，她獲得了不錯的學習成績，獲得了來自家長的認可。然而，這種完美主義也導致了她的內耗與輸不起。

如何破解完美主義

其實成長型思維是治癒完美主義的良藥。我就是一個典型的擁有成長型思維的人，有的人是對過程有完美期待，有的人對結果有完美要求，但我做一件事情的時候，就完全沒有這種阻力。比如我最近開始做一個新的視頻號[7]，主要負責流量運營。雖然我是設定了目標的，可是我也知道，這不是一條直線前行的路，過程中我一定會遇到一些我沒處理過的狀況。所以我把中間過程中所有不完美的地方記錄下來，然後去反思下次如何避免同樣的錯誤並且做得更好。在這個過程中，我是沒有太多內耗的，我不會因為一點小問題就抓著不放來自我折磨，否則既影響了進度，又浪費了精力。

如何塑造自己的成長型思維模式呢？結合我的經驗，我總結出來「三個一」，即：一個問題，一個思維，一個行動。

一個問題：你是期待一個小的、一次性的完美，還是持續的、可增長式的大完美？顯然，大多數真正的完美主義者都會選擇後者。

一個思維：過程即回饋，終點即起點。什麼意思呢？我在執行過程中，可能會經歷一些挫折、困難、失誤，這些都是回饋訊號。如果是正向的回饋，就按一個確認鍵：這麼做是對的。如果是負向的回饋，則代表此路不通，需要調整策略和方法，然後再測試下一條通路。

一個行動：按照回饋的內容去採取相應的一個小行動。透過不斷調整，就得到一個循環通路。下一次的開始是站在這次的回饋結果之上的，一次次不斷地優化和循環，讓事情向前發展。透過這種方式，來解決完美主義的精力浪費和行動阻力。

我的小助理是典型的完美主義者，她剛開始負責微信公眾號[8]營運時，非常糾結，每發一篇推文都有把頭髮拔光的架勢。後來我就教了她這個方法，下面是她使用後的回饋：

- **一個問題：你是期待一個小的、一次性的完美，還是持續的、可增長式的大完美？**

我的確期待每一次都做得很好，但是我更想要長期可增長式的大完美。營運微信公眾號不是一朝一夕的事情，期待每篇文章都被喜歡是妄念，能夠持續增長，不斷吸引更多的優質用戶，才是更大的成功。

7：中國微信於二〇二〇年推出的短影音平臺。

8：類似 Facebook 的粉絲專頁，用作傳播品牌文化和企業資訊。

●一個思維：過程即回饋，終點即起點。

每次推文都是一次測試的機會，比如，透過點擊量就可以看出哪種題目更能引起用戶關注，透過閱讀量可以看出哪種主題受眾更廣。

●一個行動：按照回饋的內容去採取相應的一個小行動。

不管文章寫得好不好，先去做，每次告訴自己，不貪多，只注重一個點。這次驗證如何寫題目，下次再驗證如何寫開頭，透過時間的積累，慢慢做得更好。

她透過這幾個問題，一次次提醒自己，慢慢放下了一次性完美的妄念，寫作效率提高了很多。

完美主義者大多是被自己的固定型思維所阻礙。如果你是一個完美主義者，那麼試試透過一個問題，一個思維，一個行動，放下完美，轉換為成長型思維。放下情緒內耗，節約更多的精力，不斷前行，讓自己在更大的空間和更長的時間軸上獲得更大的「完美」。

3.10 學會自我接納

「一般完美主義與自我接納是相互對立的，完美主義者傾向於設定高目標，並以此作為證明自己有價值、被接納的條件，若高目標達不成，便從整體上否定自己。」我一開始了解自我接納，是從這句話開始的，並且以為只有完美主義者才會有低自我接納，可是後來發現並非如此，即便有些人不是完美主義者，也存在著或多或少的低自我接納。這些人可能沒那麼高的完美主義傾向，但依然對很多事情不滿，並且很容易在一些事情上做「反芻」。什麼是反芻呢？它是一種反覆加工和自我相關的負面資訊的思維活動。在這個反覆思量的過程中，很容易產生情緒內耗，造成精力浪費。

我的自我成長體系中有個錯題本，是讓學員記錄下哪些方面做得不夠好，或者我看到別人做得好的地方，以便去不斷優化和調整自己的工作和生活。後來有些學員跟我回饋，這個寫的過程太難受了，根本沒辦法堅持。我還以為是我拆解得不夠細，或者講得不夠明白，還邀請我的小助理跟我一起拆解，我自己也分享了自己的案例，想盡辦法降低執行難度，結果並不盡如人意，於是我開始與學員私下聊聊了解情況。她們說：「我看到自己這麼多錯誤，沒有辦法去面對，一看到錯誤就很自責。」如果一件事讓自己感覺非常不舒服，那麼這件事就很難有堅持下去的動力和持久性。透過這件事，我才發現大家其實或多或少在一些方面還是有不自我接納的情況。

我的錯題本會寫什麼呢？比如：

生活錯題本：有一次用大火煎雞蛋把家裡的煙霧報警器弄響了，自己開著空調和窗戶對著報警器扇風十多分鐘。在澳洲煙霧報警器響一定的時長消防隊會出動的，費用為兩千澳元，且由個人承擔，當時的我很緊張。我記得當時開的是電磁爐的八檔，沒有開抽油煙機。所以我就會把這件事記錄在我的生活錯題本上，然後備註：早飯煎雞蛋要麼開六檔，要麼開八檔＋抽油煙機。

工作錯題本：有一次直播上課，使用的軟體不能連麥克風，也不能共用ＰＰＴ。因此我臨時上傳文件浪費了一點時間，也用了留言的方式和學員互動。課後我升級了自己的電腦系統，解決了這個問題。

又如，有一次早上點開手機處理工作，一下子忙到了十一點，十一點又開始準備中午12:00-14:00的直播，15:00-19:00個案諮詢。個案諮詢之後要處理工作訊息。也就是說，我的寫書時間被擠沒了。後來我決定挪用午休時間14:10-14:50寫書。結果狀態特別差，寫了刪，刪了寫，寫了不到五百字，既不滿意，還耽誤了休息，下午全靠毅力完成了個案諮詢，結束之後想直接躺下休息。總之，這就是個賠了夫人又折兵的計畫。當時還不如去踏實睡午覺，也許還能早點完成個案諮詢，晚上留點精力寫書。後來我就在錯題本上寫了：明於選擇，智於放棄。

接納你的身體、能力和性格

什麼是自我接納呢？自我接納是指個體對自我及其一切特徵採取一種積極的態度，簡而言之，就是能欣然接受現實自我的一種態度。自我接納包含兩個層面的含義：一是能確認和悅納自己身體、能力和性格等方面的正面價值，不因自身的優點、特長和成績而驕傲；二是能欣然正視和接受自己現實的一切，不因存在的某種缺點、失誤而自卑[9]。

我看到很多人對自己的身體不接納，尤其是女性，覺得自己皮膚不夠白，腰不夠細，腿不夠直等。其實這些所謂的美的標準都是人為定義的，並非客觀事實。古代的美和當下的美不一樣，你認為的美和我認為的美不一樣。而且，很多身體的特徵是無法改變的，我也不會

9：引用自〈從進化心理學角度探析自我接納〉，陳紅豔，中國知網，2009.11.16。

花精力在這些無法改變的地方。小的時候，有很多人都說我的腿太細，像麻稈一樣，還開玩笑說爸媽虐待我。別人的玩笑在年少的我的眼裡一點都不好笑。我一直很嫌棄我的麻稈腿。直到我學習穿搭的時候，太多朋友說羨慕我的大長腿，我才意識到我的腿原來這麼漂亮。這些所謂的審美是動態的，我經常鼓勵學員對著鏡子裡的自己說：「我就是我，不折不扣的我，美沒有絕對標準，我正在學著接納自己和喜歡自己。」往往學員說著說著，會發現原來的嫌棄和不滿意都會減少。

對於能力和性格，這些其實是可以改變的，只不過取決於你的決心。能力只需要刻意練習，把注意力放在行動上而不是情緒上，你想要的能力就可以有。對於性格，也並非不可以改變。我其實是內向性格的人，有結果導向和極簡主義，向來都是能少說就少說，能不說就不說，更談不上積極主動地社交。這幾年因為教學，為了更好地和學員互動，為了讓學員理解我的表達，我的話越來越多了。了解我的人會知道，我平時不是特別喜好或者善於言談，可是現在越來越多的人都在說，Luna 樂觀開朗、善於言談，認為我性格外向。我自己再去做性格測試的時候也驚喜地發現，我以前的內向指數是非常高的，現在倒也居中了。所以性格也不是不可變的。如果你認為性格裡有不討喜的地方，去改就好了。再者，非常重要的一點，性格沒有所謂的好壞。每種性格裡面都有自己的優勢和劣勢。李欣頻老師說過一句話：「用盡的優勢就是劣勢。」比如有的人非常喜歡社交，在社交上花了太多的時間，就沒有時間用來運動健身、學習或者陪家人了。那麼這種擅長社交何嘗不是一種劣勢呢。對於缺點和失誤，這些都是回饋，是我們下一步行動的指示燈，無須在這上面自責和耗費精力。

認識你自己

其實自我接納很重要的一點，就是要了解自己，客觀地評價自己，既不高估也不低估。我看到很多人對自己都是帶著滿滿的敵意和厭惡的。我讓學員先給自己寫幾個評價，再讓她們去問問別人眼中的自己是什麼樣子的。然後大家會發現一件很有意思的事，自己眼中的自己和別人眼中的自己都隔著一個「買家秀」和「賣家秀」的距離。自己眼裡的自己到處都是缺點，在別人眼裡卻盡是優勢。你也可以去問問自己尊重的師長，綜合多方的答案，帶著覺察去梳理和研究自己，去了解自己的優勢，與眾不同之處和發展潛力，了解自己的生理特徵、理想、價值觀、興趣愛好、能力、性格特徵等。這裡提供一個自我了解的表格（見下一頁，表 3-3），你可以嘗試去填寫。

我會不斷地透過一些與事、與人的交互去了解自己，比如我會每天復盤情緒，透過情緒去了解自己。透過這種方式，你就會發現，其實你所有的所謂的缺點，只是站在了一個面上去看，而忽視了另一面。我有個學員，她很討厭自己「想太多」，總覺得自己因為想太多而

個人資訊收集表—Luna	
生理特徵（身高、體重、膚色、髮質）	
價值觀	健康生活，高效工作，事業有成，家庭幸福美滿，財富自由；能量守恆； 人生少留遺憾和剩飯； 精力水準決定生活品質； 家是講愛的地方，不是講理的地方，家裡不爭對錯、不爭輸贏；做 100 分的自己，80 分的妻子，60 分的媽媽
興趣愛好	讀書、旅行、跳舞、運動
能力	學習能力、自我管理能力、邏輯分析能力、溝通表達、專案管理等
性格	（透過一些性格測試來幫助我了解自己，包括九型人格測試，MBTI 等）

表 3-3　個人資訊收集表

太累，行動力不夠。可是當她做了一份企劃類的工作的時候，她發現這種思考周全的習慣為她帶來了很多好處，別人跟她相處都覺得省心和放心。她才意識到，原來「想太多」也可以是優點。

如果對於有些方面你真的不滿意，那你就拚盡全力去改就好了。當你真的拚盡全力的時候，你會發現，要麼就真的改了，要麼就真的接納了。當然，這裡要改的地方，是指你能夠改變的部分。接納自己，改變可以改變的，接受不能改變的。這樣就不會對自己的一些小「瑕疵」耿耿於懷，也不會不敢面對真實的自己，抑或是花了很多時間精力來粉飾太平，去製造一個夢幻的泡泡給自己，然後用更多的精力去維持這個泡泡。

3.11 打造你的自信系統

現在我們來簡單地做一個測試。找一張白紙，寫二十句對自己的評價，寫完再來看下面的部分。

你對自己有怎樣的評價？

我自己在課堂上讓學員做過這個練習，我發現很多人的自我評價，一半以上都是負面的。生活中的自我否定者有很多，因為缺乏內在價值感，就導致了不自信。自信大部分源於成功的暗示、優點的發揮，以及清楚認識自身的優點，靈活運用優勢並長時間的總結積累。再簡單來說，自信就是優點加行動，得到自己的「資本優勢」。

在心理學中，與自信心（confidence）最接近的概念是班度拉（A.Bandura）在社會學習理論中提出的自我效能感（self-efficacy）的概念，是指個體對自身成功應付特定情境的能力的估價。美國作家愛默生（Ralph Waldo Emerson）曾經說過，自信是成功的第一祕訣。美國著名的女作家海倫・凱勒（Helen Keller），幼年因病喪失了視覺和聽覺。她十四歲學會多門外語，通曉德、法、古羅馬、希臘的文學，二十歲考入著名的哈佛大學，是自信自強的代表人物。自信的人聚焦於自己的目標而拚搏，而不自信的人則會花掉很多精力用於自我否定或者糾結猶豫。他可能心裡想去嘗試迎接更大挑戰，但是因為不自信又在心裡糾結，給自己設置障礙，甚至導致本屬於自己的機會擦肩而過。

最早我以為，人們在自我接納之後就不會有自我否定了，那自然而然就自信了，後面我發現並非如此。除了一些孩子從小在成長過程中就被培養了無條件的自信外，大多數人從自我接納到自信中間，還是隔了一大段的距離。換句話說，自我接納後，你的系統不會再給自己的基礎精力減分了，但也做不到加分。

如何建立你的自信系統？

如何建立自信的系統呢？我認為主要有兩點：

第一，要相信自己會進步，說到底這是一種成長型思維。

第二，是培養自我改變的能力。當你一次又一次帶領自己去超越之前的自我，走出舒適區，獲得新的成功，你就會越來越自信。

當然改變並不容易，需要一些優秀的品質：比如不害怕面對挫折，以及積極的人生態度。前面我們說過，所有的挫折都是回饋，這個回饋就是在提示我們此路不通，要換一條。當你一次次超越挫折，走出舒適區，就可以戰勝自我懷疑，不會落入思維格局的困境，也不會輕易受到外界的影響和打擊。

有人說，我天生悲觀，做不到積極樂觀。這是符合人性的，《快思慢想》（*Thinking, Fast and Slow*）作者丹尼爾．康納曼（Daniel Kahneman）指出，我們的祖先就是透過記住自己遇到過的有毒漿果，並把這些資訊告訴親友，才得以生存下來。相反，如果和親友描述十種美味的漿果，則不會帶來這麼明顯的益處。所以，這條法則被我們繼承了下來，很多時候我們會對著自己一點小的不如意而憤怒，但對自己的進步卻熟視無睹。但是，積極樂觀是可以培養和選擇的。你可以選擇樂觀，也可以選擇悲觀，如果你從小沒養成樂觀積極的性格，那麼推薦一個前置練習：感恩日記。如何寫感恩日記，參考〈找到你的正面情緒行動電源〉（參見P.113）。

當你擁有了不怕挫折、積極樂觀的態度，並且一次次去行動，去改變和突破自己，我們就會對自己越來越自信。因為你無數次帶自己從原來的A點（當時的自己）到達了B點（理想的自己），這些給了你成功的體驗，讓你自然而然感受到自信。其實可以說，自信是行動力給的。

這裡有幾個坑需要注意。比如說運動這件事，你不能奢望從一個平時走路都犯懶的人，轉身就變成健身達人。記得給自己設置一個小臺階，踮踮腳就能搆得到。很多人在改變自己這件事上太著急了，企圖以不切實際的方式達到理想的狀態，甚至還有人用錯了方法。其實我自己就掉過這個坑。我在遇到車禍之後恢復了一段時間，覺得自己四肢不協調，一點柔美感都沒有，就想著去學習鋼管舞。後來去學了幾次，發現根本不行，因為我當時核心力量不夠，別說去跳舞了，把自己掛到鋼管上都很困難。幸虧當時的老師非常有經驗，她跟我分析了我的身體現狀和挑戰後，我就愉快地放棄了鋼管舞。現在想想，如果我當初自不量力堅持要學，後果可能是自己無數次受挫，對自己更加懷疑。

我告訴了老師我學跳鋼管舞的目的，她建議我去學地面上的舞蹈，比如韓舞、爵士舞，同樣柔美，但對核心力量的要求沒那麼高。我聽了她的建議，真的越跳越好，身體也沒那麼僵硬了。在這個自我改變的過程中有三點很重要：一、心態不能急。二、設計適合自己的改變路徑。三、找到合適的老師。一個好的老師可以給予很多寶貴的建議，幫你少走彎路。跳舞這件事給了我很多自信，原來很多的「不能」都能變成「能」。我持續用這種方式來增加自信，當我遇到新的挑戰時，我覺得我行，我可以做到，我的自我效能感也越來越強。

第二件讓我的自信更上一層樓的事情就是寫書了。這是我的第二本書，寫第一本的時候，稿子改了十二遍，其中還有被打入谷底的經歷，但我還是堅持一次次找人請教、學習、修改、雖然經歷波折，這本書終於在二〇二二年五月出版了。我突破了外界的評價，穿越了內心的恐懼，然後我發現，我更加自信了。當初決定寫書的時候，我也有一些自信，那時候的自信來源於我的行動力，我相信自己可以面對任何挫折並解決。但對寫書這件事沒經驗，心裡確實是有些緊張的。如果說平時的自信有六十分，那麼在寫書這件事上我的自信只有二十分。但經過寫書的磨練，我的平均自信能到八十分了，對寫書的自信也提到了五十分。

如何快速提升自信？

前面說了一些長期提升自信的方法，那有沒有可以短期快速提升自信的方法呢？也有，比如採用高能量姿勢，就可以瞬間提升我們的自信。有一些姿勢是比較開敞和霸氣的，比如把手臂撐開，把腳蹺到桌子上，又或者擺出一個像超人的姿勢，可以快速提升我們的狀態（見圖 3-3）。

除了改變姿勢，改變聲音語調、眼神也是調整自信狀態的好方法。平時你可以了解自己在自信的時候的聲音和眼神，以及不自信時候的樣子。當你去公開演講的時候，你就可以用自信的聲音去說話，用自信的眼神去回應聽眾，這樣你的自信會自然而然被調動出來。因為我們的身體和心理是相互連接和影響的。當你不斷用身體的訊號告訴自己，我是自信的，那

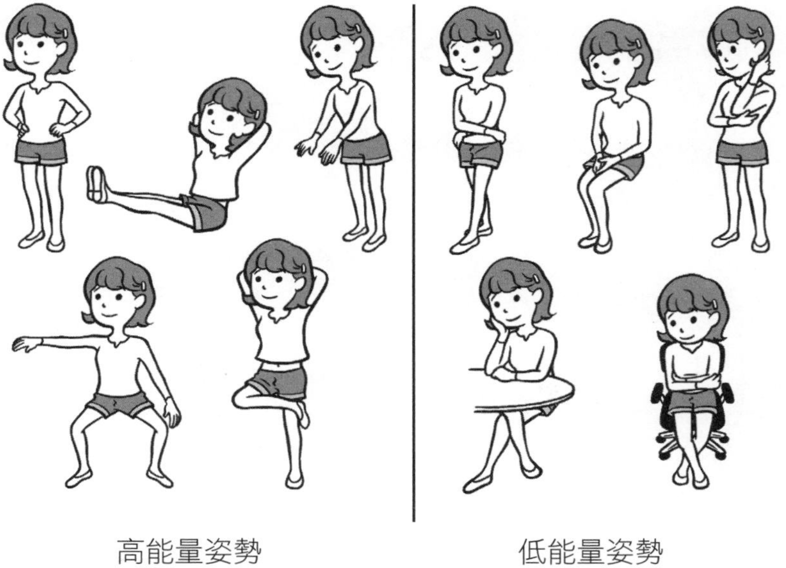

圖 3-3　高能量姿勢和低能量姿勢

※：改繪自《姿勢決定你是誰：哈佛心理學家教你用身體語言把自卑變自信》（*Presence: Bringing Your Boldest Self to Your Biggest Challenges*），〔美〕艾美．柯蒂（Amy Cuddy），三采，2020 年。

麼短期內，你的內心也會認為自己是自信的。

如果我們想提升自信，就要學會調整自己的心態，在自己能控制的範圍內，選擇去冒險和突破，抱著成長型思維，抱著自己會進步的心態，增強你的行動力，透過一次次成功地跨越舒適區來提升自信。這是我們提升自信最普遍的方式。對於一些特殊時刻，想要提升自信時，我們可以透過改變身體姿勢、聲音、眼神等來快速調整到想要的狀態。自信對我們的精力以及人生的成功非常重要，期待你能提升自信，為自己打造一個精力賦能系統。

3.12 別讓自尊成為你的精力殺手

有個學員跟我說，她覺得跟同事很難相處，換了幾份工作都是如此。我好奇是為什麼，她說，同事跟她溝通的時候，說話沒那麼客氣，或者不對她笑，都會讓她覺得不舒服，感覺自己自尊心受到傷害。她跟同事相處起來很耗能，本能地想躲避，因此帶來了很多工作上的阻力。

原來，她的問題源於她不恰當的「高」自尊。這讓她過分敏感，別人的一舉一動都可能碰觸到她的自尊，造成精力上的內耗。

四種自尊狀態

在《恰如其分的自尊》[10]一書中，作者提到人的自尊狀態分兩種，一種叫高自尊，一種

10：《恰如其分的自尊》（*L'estime de soi*），〔法〕克里斯托夫・安德烈（Christophe André），〔法〕弗朗索瓦・勒洛爾（François Lelord），方舟文化，二〇二一。

叫低自尊。高自尊的人一般表現為行動高效，做事情能夠堅持，從而產生一個良性的循環，他敢於做出有爭議的選擇，即使失敗了，復原的速度也很快。那低自尊的人有哪些表現呢？低自尊的人很難決策，容易被周圍的人影響，並且容易放棄。他可能會迫於壓力去堅持，同時又很怕失敗。當然，低自尊有低自尊的好處，比如他表現得很謙卑，也更容易被周圍的人接受。

根據穩定狀態和高低兩個維度，自尊可以分成四種（見圖 3-4）：

1. **穩定的高自尊**：這些人受外界影響小，平靜、堅定。特點是：一般情況下自尊狀態波動小；很少花費力氣吹噓自我；處於劣勢、面對批評或失敗時很少為自己辯解；能夠理性傾聽批評。
2. **不穩定的高自尊**：易受刺激、反應激烈。特點是：一般情況下自尊狀態波動較大；花費很大力氣吹噓自我；處於劣勢、面對批評或失敗時極力為自己辯護；情緒化地對待批評。
3. **穩定的低自尊**：逆來順受、不願主動表達觀點、消極。特點是：一般情況下自尊狀態很少波動；往往處於消極負面的情緒狀態；面對外界反應會有情緒變化，但行為很少受影響；相信自己無法達到個人目標。
4. **不穩定的低自尊**：取得成功後自尊階段性提升、謹慎、小心、努力塑造更好形象。

特點是：一般情況下，遇到成功時，自尊水準可能上升；處於積極與消極參半的情緒狀態；面對外界反應會有情緒變化，行為也相應做出調整；渴望社會讚許，導致偏離自己的個人興趣。

不恰當的自尊帶來精力內耗

在我看來，無論是哪種固定的自尊，都會導致精力有所消耗，因為自尊是人本能的一種精神需要，大多時候，人們會不自覺地花力氣去維護自己的自尊，還有一些人還會因此

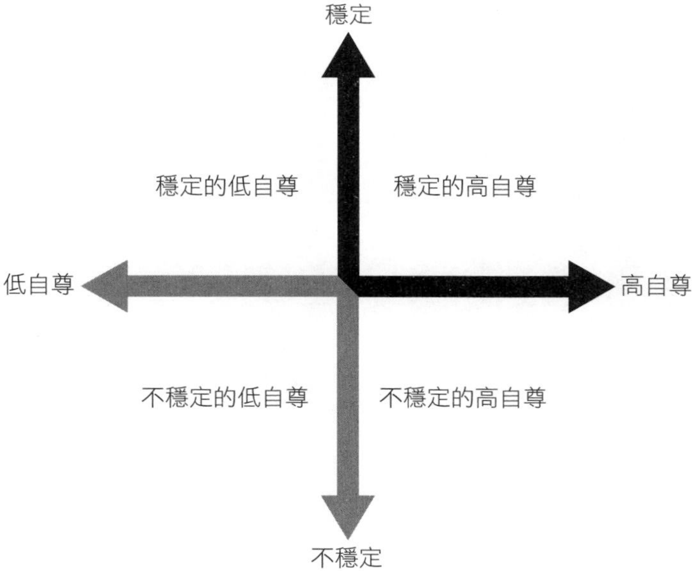

圖 3-4　四種自尊狀態

引起情緒。比如說，我見過有一些極端高自尊的人，他可能會說謊，或者過度地誇大自己，讓自己的形象有一個很大的「泡泡」。這是非常耗費精力的，畢竟高於真實的東西需要更多的謊言來維護。大多數人沒那麼嚴重，但是也會不容易面對真實的自己，甚至去逃避很多事情。還有一些高自尊的人，他在日常中會不自覺地去證明對錯。本來別人很客觀地描述一件事，他會本能地說：「這不是我的錯。」我之前有個同事，從小受到了比較多的否定或者控制，她長大後遇見一些事，不管別人是不是在指責她，她的第一反應都是，我沒錯啊，這不能怪我！因為這種態度，她很容易在開會討論的時候，把氣氛弄得很緊張，偶爾還會引起衝突。這是高自尊的人常會有的一種精力浪費。當然，穩定的高自尊的人一般不會如此，因為不需要刻意表現或者證明去維護自己的自尊。

還有很多低自尊的人，他的精力浪費在哪裡呢?是逆來順受。他不願意表達自己的觀點，會把自己的情緒壓抑在自己的身體裡，要處理這些情緒當然會消耗很多精力。還有一些人，過分小心謹慎，不敢暴露真實的自己。比如說，當他覺得自己有一些小的、被認為是不好的東西，他就會去儘量掩蓋。當一個人試圖掩蓋問題的時候，就不容易去解決它。因為他把所有的精力能量都用在掩蓋它上，而不是去找解決方式。歸根結柢，這類人的內耗也是極大的。並且，往往低自尊的人自我價值感會很低，這會影響他的配得感，不敢去爭取。明明自己做了很多努力，遇見屬於自己的機會，不去爭取，也不為自己發聲。當你對外界關閉了你的展示通道，那麼你內在的硬體精力不管有多強，別人也很難看見，錯失了本應該屬於自己的人生機會。

恰如其分的自尊

我比較推崇的是恰如其分的自尊，有彈性的自尊。當我自己處於高自尊狀態的時候，我會時常反思和監督自己：我是不是又在為了我的形象去吹一些漂亮的泡泡？當某件事情沒有做好，打擊了我的自尊的時候，我會不斷地告訴自己：我只是這件事沒有做好，和我這個人無關。我會把人和事以及情緒分開。比如說，我今天在直播中有些話沒有說好，開會的時候被我的老師指出來了，我不會給自己貼標籤，說我就是播不好，我就是不擅長直播等，這樣很容易傷到自己的自尊。我只是告訴自己，有些地方我還需要改善，下次做好就可以了。

此外，如果一個人具備有彈性的自尊，當他遇見外界各種高低不同自尊的人時，他才能更好地跟他們相處和共事，才能把每個人的優點都充分利用。我見過一些人的自尊心非常強，他就沒有辦法跟高自尊的人合作，因為兩個高自尊的人，誰也不願意先低頭，誰也不願意放低姿態。兩個低自尊的人則很可能在溝通上出現問題，因為他們都不願意表達，甚至對一件事的思考過於負面。只有一個有彈性的自尊者，才能在日常生活中和各類不同的人相處，節省下寶貴的能量放在實現目標上，而不是維護自尊上。

如何獲得有彈性的自尊？

如何才能獲得有彈性的自尊呢？首先，改善完美主義、低自我接納等，提升自信，然後對自己有一定的認知，你就會比外界更了解自己，不再透過與外界的互動去維護自己脆弱的自尊或者完美形象。

其次，在與外界交互的過程中，要時時刻刻去覺察自己，你的情緒狀態是不是跟自己不恰當的高自尊有關。比如說，在公司裡有位同事見到你沒打招呼，你可能第一反應會覺得對方不尊重你，你很生氣。這個時候，你要覺察，是不是我的高自尊在作怪，他只是沒跟我打招呼，能代表什麼呢？可能他當時很忙顧不上，可能當時他在想事情沒看見我，為這樣的事生氣，值得嗎？又或者，即使是他真的不在意我，又如何呢？為了維護自己的自尊而生氣、消耗精力是最優解嗎？花時間去提升自己的業務能力是不是更有意義？

對於低自尊的人，要時常告訴自己，事情和人是分開的，一件事沒做好，不代表我不行，只是我沒找到合適的方法和路徑。當你把事情和自尊分開，你就會對自己有更清晰的認知，不會過度否認自己，進一步傷害自己的自尊心。很多時候，別人的一些言行的確會傷到自己的自尊，這個時候，我會告訴自己，把他的功課還給他，把我的功課做好。別人的言行只是代表他的認知、他的狀態、他的理解，這是我無法控制，也不想去負責的。所以我會把他的話或者行為丟出去，還給他。這是屬於你的，如果我不接納，那麼就還是你的。就相當於別人送我一個禮物，我沒有收他的禮物，那麼這件禮物的所有權就還是對方的。這樣，我的自尊就不會因為別人的對待而受到影響。

不恰當的自尊是精力「毀滅性武器」，我們有太多時候為了維護自己的自尊而產生不必要的情緒，造成精力的損耗。因此，要學會了解和覺察自己，做好「課題分離」，培養恰如其分的、有彈性的自尊。

本章小結

情緒可以稱之為「軟精力」，正面情緒可以在原精力基礎上加分，而負面情緒則是精力收割機。精力管理高手，亦是情緒管理的高手。這一章裡，我們首先認識和了解情緒，改變對情緒的固有偏見，把情緒當作朋友。接下來，我們學習了如何在日常生活中為正面情緒充電，以及當負面情緒來臨時如何高效應對。這裡我們介紹了情緒急救包、轉念等各種方法，並且重點講述了憤怒、焦慮等高頻情緒的應對之策。壓力和情緒往往是相伴相生、難以分割的，因此也給出了壓力的管理方法。最後，我們認識了幾種容易導致情緒內耗的模式，比如完美主義、低自我接納、不自信、不恰當的自尊，學習如何從「耗能」模式轉化為「賦能」模式，升級我們的「底層作業系統」。

1. 每種情緒的背後都隱藏著它的積極意義，而我們要做的就是去解碼這些訊號，做情緒的朋友。
2. 情緒管理的第一步是記錄情緒。記錄情緒發生的事件和場景，分析情緒背後的成因和需求。

3. 根據人們大腦接收和處理外界資訊的偏好，人們理解世界的方式可分為視覺型、聽覺型和感覺型。你可以根據自己的偏好，去尋找適合自己的正面情緒行動電源。

4. 透過長期書寫感恩日記，我們會變得更加樂觀，對生活中的小幸福更加敏感，可有效提升正面情緒的比例。

5. 避免在情緒中做任何決定，以減少決策失誤。

6. 面對負面情緒，第一步，深呼吸讓自己靜下來。第二步，可採用環境法、交流法、運動法或者靜思法等任何一種方法來扭轉情緒。

7. 情緒覺察日記可以幫助我們看見情緒，看見引發情緒的原因，看見自己的真實需求，以及尋找解決方案。

8. 情緒ＡＢＣ理論：激發事件（Ａ）只是引發情緒（Ｃ）的間接原因，而直接原因是個體對事件（Ａ）的認知、評價而產生的信念（Ｂ）。

9. 一念之轉的四個問題：

1）這是真的嗎？

2）這真的是真的嗎？（你能百分之百肯定那是真的嗎？）

3）如果你有這樣的想法，會怎麼樣？

4）如果你沒有這樣的想法，你該會是個怎樣的人？

10. 避免讓自己處於「精力告急」狀態，以及改變自己的思維認知，是減少憤怒的關鍵因素。

11. 引起情緒憤怒的認知和信念主要有四類：災難化思維、二元對立思維、「應該」思維以及「人事不分」思維。

12. 焦慮帶給你的四種訊息：時間緊張、能力不足、事情很重要、不確定因素過多。

13. 壓力對我們是有好處的。壓力的存在，正好是鍛鍊「逆商」的時候。

14. 對於壓力，最好的狀態是處於「壓力–放鬆」的動態平衡中。就像一根橡皮筋，你不能讓它長期處在伸長的位置，需要讓它適當回縮，才能保持彈性。

15. 漸進式肌肉放鬆法，透過肌肉放鬆的方式，達到情緒和思維的放鬆。

16. 破解完美主義需要塑造自己的成長型思維，可參考「三個一」模型：

· 一個問題：你是期待一個小的一次性的完美，還是持續可增長式的大完美？

· 一個思維：過程即回饋，終點即起點。

・一個行動：按照回饋的內容去採取相應的一個小行動。

17. 認識和客觀評價自己是自我接納很重要的一個方面。你可以在與人和與事的交互中，不斷去覺察和認識自己。

18. 建立自信系統：第一，具備成長型思維，相信自己會進步；第二，培養自我改變的能力，一次次超越自我，一次次走出舒適區，行動和結果會帶來自信。

19. 透過高能量姿勢、聲音語調和眼神，可以快速提高自信。

20. 人們常常為了維護自己的自尊而損耗大量精力，推薦大家建立有彈性的、恰如其分的自尊。

21. 把人和事分開，一件事沒做好，不代表我不行，只是沒找到合適的方法和路徑。不要過度否認自己，傷害自己的自尊心。

第 4 章

提升專注力——

專注力是當今最稀缺的資源

4.1 深度工作與雙峰工作法

早上到了辦公室，你正準備打開電腦，完成那份老闆特別重視、可能影響著自己升職加薪的專案，一通電話打來，同事著急跟你要一份報告。就在你努力完成那份報告的同時，一封老闆發過來的郵件又讓你焦慮不安，趕緊回信……雖然你很想集中注意力先完成那項最重要的任務，可是雜七雜八的事情讓你無法專注下來，你忙於應對各種事情，忙到不可開交，可是到了晚上一想，好像也沒做什麼特別有價值的事。

你經歷過類似場景嗎？在這個資訊豐富、節奏加快的時代，人們每天在不同的事件中切換，專注力成了最稀缺的事物。有時候，你也想專注下來，可是發現自己大腦好像不受控了，一會兒想起來還沒寄出的快遞，一會兒想起來明天要交的報告……你喪失了專注的能力。

不良多工

這是現代人的通病，無法專注在一件事上，習慣在多個任務之間來回切換。有個專門的詞來描述這種現象，叫「不良多工」，最早由企管大師高德拉特（Eliyahu M. Goldratt）在著作《關鍵鏈》（*Critical Chain*）中提出。簡單來說，不良多工是指人們會不由自主地「一邊做這個，一邊做那個」，讓大腦同時處理兩件及兩件以上的事情。這種方式看似提高了效率，其實不然。因為人類的大腦並不支援這種模式，你以為自己的大腦線路是「並聯」的，其實它是「串聯」的，也就是說，大腦一次只能處理一件事。明尼蘇達大學商學院教授蘇菲．羅維（Sophie Leroy）在一篇論文中提出，當我們沒有完成任務A的時候去做任務B，大腦中仍有一部分資源對A進行運算處理，這部分仍然處理任務A的資源，叫作「注意力殘留」。這部分殘留會影響我們在事件B中的表現，因為多個任務很可能讓你感到焦慮，且本能地有一種想回去完成事件A的衝動。也就是說，你同時花在兩件事上的精力，都不是你的精力峰值。在這個切換過程中，你可能會損失二十％～四十％的效率。毫不誇張地說，這種工作方式正在慢慢地扼殺我們的專注能力和工作效率。

深度工作

如果想讓大腦的工作效率最大化，就要避免「不良多工」，而是採取另一種工作方式——深度工作，這是一種在無干擾的狀態下專注工作的方式，這種狀態下，人的認知能力可以達到極限。

深度工作到底有多重要呢?古今中外許多有成就的人士都在用這個方法來工作。比如十六世紀的散文家米歇爾·德·蒙田(Michel de Montaigne),在遠離自己法國城堡石牆的南塔樓區建起了一座私人圖書館,而馬克·吐溫(Mark Twain)的《湯姆歷險記》(*The Adventures of Tom Sawyer*),大部分都在紐約一處農場小屋裡完成。馬克·吐溫的書房離主要房屋區太遠,以至於他的家人要吹號吸引他的注意力,召喚他回去吃飯。前微軟執行長比爾·蓋茨(Bill Gates)每年都有兩次「思考週」,在這段時間裡,他會遠離世事(通常是在湖邊小屋),只讀書和思考大局。

我也很熱衷於深度工作法。我有很多課程都是在斷網一週的時間裡打造出來的。在寫書的關鍵點,我也會斷開手機,有時會刻意找個不受干擾的地方,比如一個海邊城市,誰也不認識,全部身心投入其中。有時則自己在家斷網三天,手機開飛航模式,提前告知大家我要閉關。還有的時候,我會進行半天的深度工作,去家附近的圖書館。

雙峰工作法

我們這些職場人能用深度工作的方式嗎?畢竟遠離人或者完全遠離電子產品都不現實。

我曾經做過各種嘗試去創造深度工作的環境，比如拔掉電話線、關閉手機提示功能、去沒有人的會議室等，但是，這些都難以打造長時間的「真空」狀態，總有人會因為緊急的事情來找你。在公司裡，大部分工作是同事間合作完成的，我不能讓自己的工作影響了別人的工作進展。經歷了各種嘗試之後，我認為雙峰工作法是適合現代職場人的工作方式。

所謂雙峰工作法，是指將個人的時間分為兩塊，其中一塊時間為深度工作時間，追求高強度、無干擾的專注，去做需要深度思考和創造性的事情；另一塊完整的時間為浮淺工作時間，去做一些繁雜瑣碎的事情，比如溝通工作、收拾房間、整理資料等。在這種方式下，我們可以跟外界保持連接，同時可以短時間地專注工作，是更容易實現的。

我大部分工作時間都採用雙峰工作法，比如早上起來先讀書一個小時（7:00–8:00），然後洗漱、吃早飯和做溝通性工作（浮淺工作 8:00–10:00），然後寫作（深度工作，10:00–12:00），中午錄製影音、買菜、吃午飯、睡覺（浮淺工作 12:00–14:00），然後點評學員作業（深度工作 14:00–17:00）……

這一天裡，我會讓我的大腦的不同區域交替使用。一般一個人可以有多長的深度工作時間呢？哈佛大學的一項研究表明，一個八小時的工作日，我們能保持深度工作的時間最多是四個小時，普通人每天一般能保持兩小時深度工作已經很不錯了，其餘的時間都是由浮淺工作填滿的。一般在精力狀態比較好的時候，我可以完成五小時左右的深度工作。但也並非是連續的，需要拆成兩個時段，中間會安排運動和午睡。不然我一天的深度工作也就只能在三．五小時左右。

另一個值得注意的點是，大腦一次專注時間最長不超過兩小時，我們要遵守人體本身的節律。所以說不是深度工作的中間就不能休息，我下午看作業的三個小時裡，中間也會休息一會兒。如果進入了心流狀態，專注時間會長一些，那麼心流之後，我也會留出更長的休息時間。

設計你的深度工作時間

有人會說，我怎麼就找不到一～兩小時的深度工作時間呢？要麼電話干擾，要麼一上網就被彈出的通知吸引了，時間被拆得七零八碎。還有人說，我即便有了大塊時間，也進入不了專注的狀態，思緒不受控制地四處漫遊。怎麼辦？其實深度工作是需要設計的。

第一步，找到打擾比較少的時間段

以前我們部門早上九點上班，但有些人其實九點半才正式工作。他們一般先到辦公室吃個早飯，女同事去廁所化個妝，男同事去抽根菸，也就是說，在九點半之前，很少有同事來找你。所以我只要確保我在八點半到公司，就可以有一個小時的深度工作時間。每天中午我都早一點去吃飯，當大家陸陸續續吃飯和午休的時候，我又有了一個小時的深度工作時間。其實當你工作久了，和團隊有了默契，你可以告訴同事你的時間安排，什麼時候是你的專注工作時間，以及什麼時候是專門的溝通時間。我見過一些效率很高的團隊，他們的工作節奏是同步的，比如每天早上有九十分鐘是靜音獨立工作時間，每個人都專注於自己的工作。

關掉手機提示音，移除干擾你的手機應用程式。在大數據時代，各大網站利用種種演算法機制，總能在恰當的時機推給你最感興趣的內容，你很容易就掉進商家為你設計的「螢幕陷阱」，而你的注意力成為商家的廣告費或者流量費。所以，大家不要高估自己的自制力，深度工作的時候把手機放進抽屜，果斷關掉手機的通知和提示音，移除那些你一旦陷進去就很難走出來的Ａｐｐ。你可能會覺得移除Ａｐｐ有些誇張，難道閒置時間也不能娛樂一會兒嗎？其實不用擔心，等你需要的時候再裝上就好了，並且因為重新裝載需要時間，在很多「可用可不用」的時候，你會選擇「不用」。

這裡想強調一點，長時間看手機會損害大腦。如果把我們的大腦比作電腦，當電腦接收太多資訊，程式開得太多的時候，運轉速度就會變慢，如果不小心點開釣魚網站，說不定還會中毒，儲存一堆垃圾檔在電腦裡。同理，當我們的大腦長期被電子碎片資訊佔據的時候，大腦會逐漸習慣這些「少思考、高刺激」的模式，在工作時無法專注和深度思考。這也是為什麼現在很多人習慣了一兩分鐘的短影音，一旦影片超過五分鐘就失去耐心，甚至連看電影都難以沉浸其中。

第二步，安排與自己能力匹配的工作任務

工作任務太簡單的話，很難調動你的最高認知和效率，你會不自覺地走神。但任務也不能太難，否則就算手機關機也沒用，你的大塊時間還是被畏難情緒所吞噬。所以在進入深度工作之前，我會提前評估我的任務，如果太簡單了，我可能會刻意提升速度，或者提升品質，來增加難度。如果太難了，我會拆解任務，把一個大任務拆成階段性的小任務，或者去求助外界資源，找有經驗的行業專家來幫我拆解，給我一些可行的思路。

記得之前在不動產開發企業工作時，老闆讓我寫一塊地的投資分析報告，而且是全英文的，時間緊、任務重，我以前從沒接觸過這種任務，不知該如何下手。怎麼辦呢？我趕緊去找了幾份大公司的報告，提取出基本的框架，照貓畫虎，先有個大概的模樣。但是我發現中間有些表格需要一些基礎資料，當時的我根本沒有這些背景資料，於是又趕緊去找仲介補足這部分資料（往往仲介的經驗是非常豐富的）。然後又找朋友要到了各地方政府的網站，找到資料參考。當我把這些線索收集齊，有了大致的思路，我關閉手機，用了兩天時間，完成了一份讓老闆滿意的報告。

當然，在進入深度工作之前，你還需要做一些準備工作，比如我今天要寫書，我會提前準備好所需要的參考資料，而不是等進入狀態後，又跑到書架上去翻書或者上網找資料。等把所有都準備好，就可以進入斷網環境，讓自己完全沉浸在工作中。

專注是高效的前提，如果你無法做到專注，即便有大把精力也會被浪費掉。但不少現代人都喪失了專注的能力。對於職場人士，我建議採用雙峰工作法，深度工作與浮淺工作交替進行，既保證深度工作的高效，又相對容易實現。在設計深度工作時，注意兩點，一是不被干擾的環境，二是難易適宜的工作任務。那麼，現在就去梳理一下，你每天的深度工作時間是在什麼時候？

4.2 大腦保養術

「九九六」、「〇〇七」[11]成為當今社會的熱詞，大概意思是大家的工作時間太長。但是，想要高產出，拉長時間戰線真的是最智慧的方式嗎？新葉專案管理（New Leaf Project Management）創始人傑克．內維爾森（Jack Nevison）提出了一個定律，叫「五十定律」。什麼意思呢？他在一些專案中發現，如果一週工作超過五十小時，額外的工作時間非但不能提升生產力，反而會使生產力倒退。他的另一項研究表明，就算工作五十小時也只會產生三十七小時的有用工作，如果工作五十五小時，有用工作時長便會降到接近三十小時的水準。所以每週工作時間如果超過五十小時的臨界點，時間投入越多，生產力就越低。

我們要明白的一個事實是，大腦也要遵循次晝夜節律，也就是大約每九十～一百二十分鐘，人的精力會衰退，大腦會發出「打哈欠」、「伸懶腰」的指令，注意力難以集中。這些訊號都是在提示我們：「我需要休息了」。我們最好配合大腦的自然規律，不要強迫自己單純在時間上堆積，而是讓大腦在屬於自己的節奏裡得到最好的發揮。

如果想要提高大腦的使用效率，除了要遵照大腦的規律，定時休息，我們還要有意識地做一些保養，來恢復它的最高效能。我主要推薦兩種，一個是冥想，一個是大腦的「斷電」。

冥想

第一次聽到「冥想」這個詞是在二〇一二年國外的影片網站上，後來在書裡也陸續看到一些說法，說冥想讓人「更聰明」，一下子就引起了我的好奇。後來我去做了一些功課，發現的確有大量研究表明，有規律的冥想（大約每週六小時）可以改變大腦結構。哈佛大學神經科學家研究發現，經常冥想的人，他的大腦中與決策和記憶有關的額葉皮層灰質更多。多數人的大腦皮質層會隨年齡增長而衰老萎縮，而五十歲的冥想者的大腦灰質數量與二十五歲的人相當。

在日常生活中，更多的大腦灰質會帶來更積極的情緒，更持久的情緒穩定狀態，以及更高的專注力。衰老會降低我們的腦灰質與認知功能，而冥想被證實能減弱這種效應。科學家

11：網路流行語，三個數字代表的是上班工時，「九九六指」九點上班、九點下班，一週工作六天；「〇〇七」則是每週七天、全年無休的工作。指現今的加班文化。

還發現，長期冥想打坐，可增加前額葉腦皮層和右前腦皮層的厚度，而這些區域是控制人的注意力和感知能力的地方。許多科學家、作家、發明家等名人的前額葉腦皮層都比較厚。

二十世紀八零年代初，冥想療法被美國ＦＤＡ（食品藥品監督管理局）推薦用於輔助治療焦慮、失眠、憂鬱、虛弱、慢性疲勞症候群等病症。麻省理工的喬．卡巴金（Jon Kabat-Zinn）博士開創了「正念減壓療法」（冥想的一種）之後，理查．大衛森（Richard Davidson）等腦神經科學家用神經影像學的方式做了大量研究後發現，正念練習可以開發新的腦神經網路、改變腦部化學反應，從而改變認知模式等，冥想可以增加端粒[12]的長度，對健康和長壽有極大的好處。到今天為止，關於冥想的好處，可以說是數不勝數。

我想從大腦的工作模式來說，冥想為什麼可以提高我們的工作效率。首先，我們要了解，大腦有三種運轉模式。

第一種是大腦預設模式網路，指人在靜息、沒有執行特定任務的狀態（有別於睡眠狀態）下，大腦自發性的運作模式網路。這種狀態下大腦處於自動遊走模式，一會兒想起來明天早餐吃什麼，一會兒又惦記家裡貓咪的罐頭是不是快吃光了。這種模式下，大腦自動在生活瑣事或過去與未來之間跑來跑去。

第二種叫凸顯網路。當我們意識到大腦沒有處在當下，覺察到它並把注意力拉回當下要做的事情的時候，用的就是這個凸顯網路。

第三種叫中心執行網路，是專注於當下的模式，比如在認真上課，或者是沉浸在寫報告中，都是應用這個模式。這也是大腦非常高效的模式。

在日常生活中，我們的大腦就是不斷地在這三種模式交替下工作。冥想能夠減少大腦處於預設模式網路的時間，也就是說，冥想可以幫我們更專注於當下。當你長時間持續冥想，這就變成了一種生活方式，自然也會減少焦慮，集中注意力。可以說冥想是大腦的健身活動，身體需要鍛鍊和保養，大腦同樣需要，而冥想就是大腦喜歡的方式。

冥想有這麼多好處，你能堅持冥想嗎？我知道很多人會說，我太忙了，沒有時間冥想。但我認為，冥想就相當於「磨刀不誤砍柴工」。冥想了這麼久，是否變得更聰明我不好說，但我的確感覺專注力有明顯的提升。在人生的這場馬拉松中，一輛 Honda 的速度，肯定是比不上藍寶堅尼的。而冥想，則可以幫我們從 Honda 升級到藍寶堅尼。想明白了這一點，我就很願意在這上面花時間。

最開始，我每次只能堅持五分鐘，就這樣還經常走神，然後我把思緒拉回來，重新專注在呼吸上。從開始只能坐五分鐘，並且需要音樂引導，到後來的十五分鐘，之後又脫離了音

12：端粒是存在於真核細胞線狀染色體末端的一小段 DNA－蛋白質複合體，作用是保持染色體的完整性和控制細胞分裂週期。端粒的長度反映細胞複製史及複製潛能。細胞每分裂一次，每條染色體的端粒就會逐次變短一些，因此有科學家認為，端粒的長度跟人的壽命長度有重要關聯。

樂，直接在安靜的環境中保持冥想。慢慢地，三十分鐘對我而言毫不費力。在這個過程中，無論是盤腿坐還是坐在椅子上，我認為都不重要，重要的是找一個舒服的姿勢，讓脊柱直立。現在我把冥想的時間叫作大腦保健時間，有時候累了，就會冥想休息一陣，讓大腦重新煥發活力。

大腦的「斷電」

除了日常的冥想，如果想讓大腦的效率得到質的提高，還有一種方式是透過大腦「斷電」，讓大腦得到「加強版」的休息和放鬆。英國首相邱吉爾（Winston Churchill）說過，恢復的關鍵是脫離慣常的工作軌跡。所以玩耍的時候，你的身體和思想與工作時的方式完全不同。一項研究表明，在野外待了四天並中斷所有與外界的聯繫之後，學生們在解決問題的能力測試中分數提高了五十％。我非常喜歡一種讓大腦放鬆的方式，就是親近大自然，讓大自然為我充電，放下跟工作相關的任何內容，不去談論任何工作，也不去閱讀相關的書籍。

其實能做到這一點是比較難的，尤其在現在這個社會，大家都沒辦法脫離手機而生活。我是怎麼發現這種方式的呢？這要源於二〇一八年的一段工作經歷。我那時候還在做飯店相關的工作，在研究飯店的競品時，我發現有一家美國人開的極簡風飯店，裡面什麼都沒有，進門就要交手機，每天的住宿費要一千美元。在我看來，這家飯店其實沒什麼特別高級的服務和配套設置，跟這麼高的價格是不匹配的。但是，這家的入住率非常高，如果想住進去就要提前很久預訂。我對它產生了極大的好奇，什麼樣的人會想要住這樣的飯店呢？

入住的房客大多是一些社會菁英和企業高管。後來我發現，這家飯店唯一的競爭力和新奇之處，在於你進門就要交出手機，只有在離開飯店的時候才可以拿回手機。其實，這家飯店就是幫你設置了一個讓你「斷電」的環境，在這個不受干擾的空間裡讓你放下原有的一切，這是核心。

我覺得很有意思，所以我也會慢慢地試著給自己斷電。說實話，這不像想像中的那麼容易。如果我去旅行休假了，我會在社群上告訴大家一聲，我休假了，即使如此，也還是偶爾接到工作電話。我發現我自己能「斷電」的情況有兩種：第一種，去參加一些靜心冥想、禪修課等。這是強制性的，過程有些痛苦，但是有外界的約束和監督，可以幫助你做到暫時放下工作和考試之類的事情。第二種，去海島，而且必須是出海，收訊不好的時候手機變「板磚」，當你看到海天一色的美景，注意力自然而然會從工作中脫離出來。

當我經歷過兩三次這種「斷電」，再重新投入到工作和生活中，我發現很多之前解決不了的問題，會有很好的創意和解決方式蹦出來。這種「斷電」的方式就一直被我沿用到現在。這種大腦休息術的威力是極強大的，當我們脫離了原有的環境，大腦「斷電」之後放棄了過多的資訊攝取，在這個過程中就自然而然放掉了固有的思維，當你用充滿電的大腦去工作時，總會找到意想不到的解決方案。

但是我們也不得不承認，普通人這樣完全放空自己的機會是很少的。後來我了解到猶太人的安息日，在安息日這一天（從星期五入夜到星期六入夜），以色列幾乎所有公共交通工具都停駛，包括機場，大部分的餐廳也不營業。人們在這一天裡停止任何工作。我想，其實我也可以學習猶太人，給自己設置一個「科技安息日」，每週找一天的時間不用電子產品和網路，停止思考工作，全身心投入地體驗當下。就算無法做到斷一天，一週斷兩個小時，也可以給自己的大腦一個短時間的修復和保養。

身體需要保養，大腦自然也需要，每天花點時間冥想，定期讓大腦斷電一段時間，大腦可以處在更好的狀態中，專注力更強，精力也能發揮出更高效能。

本章小結

注意力在哪兒，結果就在哪兒。專注力成為當今時代的稀缺資源，人們的大腦被各種資訊所充斥，精力資源遭到了極大浪費。因此，管理專注力，是精力管理中不可分割的一部分。本章推薦了適合職場人的專注工作方式——雙峰工作法，同時提供了兩種大腦保養術，提升大腦性能和專注能力。

1. 不良多工是指人們同時處理兩個或者兩個以上的任務，這樣會因為「注意力殘留」而導致效率極大降低。
2. 深度工作是一種在無干擾的狀態下專注的工作方式，這種狀態下人的認知能力能達到極限。
3. 雙峰工作法是指將個人的時間分為兩塊，深度工作和浮淺工作交替進行。
4. 進入深度工作的兩個要點：第一，不被干擾的環境；第二，難度適宜的工作任務。
5. 大腦也要遵循次晝夜節律，一般連續最長工作時間不超過兩小時。
6. 大腦也需要定時保養，冥想和「斷電」是大腦喜歡的方式。

第 5 章

找到目標——
熱愛與價值觀會帶來無限動能

5.1 聚焦目標，提升精力效能

我們每天的精力再怎麼提升終歸是有限的，因此，把有限的精力投資在有價值的事情上，得到最高的報酬率，也是精力管理的關鍵因素。

然而問題在於，人們眼裡重要的事情太多了，工作重要，家庭重要，個人成長也重要，我如何在有限的精力下獲得更好的回報呢？蓋瑞．凱勒（Gary Keller）在暢銷書《成功，從聚焦一件事開始》[13]中告訴我們：專注於當下一件最重要的事，就能夠獲得成功高效的生活。我們想讓精力發揮最大效率，專注當下重要的事情，學會聚焦才是捷徑。

學會聚焦，就要有清晰的目標和規劃。目標除了幫助我們更好地聚焦，同時也自帶動能。美國心理學家洛克（E.A.Locke）於一九六七年最先提出了「目標設定理論」（Goal Setting Theory），他認為目標本身就具有激勵作用，目標能把人的需要轉變為動機，使人們的行為朝著一定的方向努力，並將自己的行為結果與既定的目標對照，及時進行調整和修正，從而實現目標。當我們有了明確的目標，就可以省下無關的精力消耗，直衝靶心，奪得勝利。

設置一個自帶動能的目標

那麼要如何設置一個可以帶來動能，並且幫助我們聚焦精力的目標呢？我認為有三點很重要。

一、有一個大的藍圖，也可以說是你的長期目標

長期目標讓你知道自己想去的地方，在做取捨時擁有長線思維。它就像一個路標一樣，在你迷惘時指引你前行，克服一切艱難險阻。

然而，真相是，我接觸的學員越多，越發現大多數人不知道自己的長期目標是什麼。我們這一代人大多數從小受到的教育就是要聽話，習慣了被安排，長大了有了自由反而覺得無所適從。設定長期目標並不是一件容易的事情，也不是我給了一個方法你就可以馬上確定的，這裡我想提供一個好用的工具，叫生命輪。這個工具可以幫助你逐步明確自己的目標，並合理分配精力，讓目標一步步落地。

13：《成功，從聚焦一件事開始：不流失專注力的減法原則（暢銷改版）》（*The One Thing: The Surprisingly Simple Truth Behind Extraordinary Results*），〔美〕瑞．凱勒（Gary Keller）、傑伊．巴帕森（Jay Papasan），天下雜誌，二〇一七。

生命輪由著名的美國激勵大師保羅・麥爾（Paul Meyer）提出，是一個廣泛用於商業和個人激勵領域，尤其是教練領域的工具。生命之輪中包括了人在一生中需要處理的三大類關係，每一類關係又分為不同的維度，覆蓋了人的一生中，所需面對的最重要課題（見圖5-1）：

當下的你，或許對自己的目標只有個大概的模糊概念，比如我想成為一個優秀的教練，我想成為一個合格的爸爸／媽媽，孝順的兒子／女兒。現在，需要你首先確定，當下哪一個命題才是你的核心重點？既然要聚焦，就需要做好取捨，什麼都放不下，也常常意味著什麼都得不到。

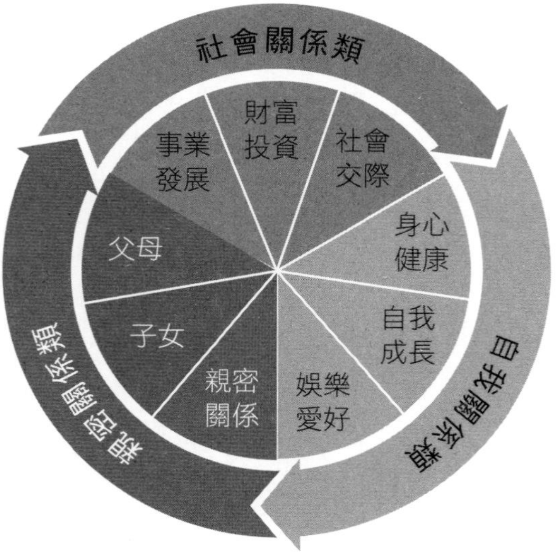

圖 5-1　人生中的重要課題

第一步，是為你的核心命題排序。比如說，我的排序是：事業發展＞親密關係＞身心健康＞社會交際＞娛樂愛好。

當我明確了排序，也就知道了精力分配的優先順序，會把精力著重在「重點生命輪」上。很明顯，在我的精力分配上，事業是第一位的（當然這只是當下的排序，並非長期）。

第二步，對於重點生命輪，重要不緊急的事情是什麼？股神巴菲特（Buffett）說過，每天最重要的事情就是學習，學習對他來說，就是重要不緊急的事情。根據二八定律（帕雷托法則），二十％的事情決定了生命中八十％的結果，重要不緊急的事情，往往就是這二十％的事情，當然要把精力放在上面。你可以透過表 5-1，列出各個生命輪中重要不緊急的事情，並且分配在上面花費的時間和精力。透過梳理該表格，聚焦目標，讓精力產生最高效能。

生命輪	重要程度打分	重要不緊急的事情	目前花費時間	理想花費時間
事業發展				
親密關係				
身心健康				
社會交際				
娛樂愛好				

表 5-1　精力分配表

二、設定小目標，注重正回饋

我跟高鴻鵬老師學習的時候，他會非常強調「易細多長」、「第一臺階」，也就是設定「踮踮腳就可以搆到」的小目標。為什麼要設置第一臺階呢？第一，行動阻力不會太大；第二，獲得「正向回饋」。第二點尤其重要，當你把自己的目標設置得足夠小的時候，你觀察自己的刻度就會比較細，這時候你每一步發生的變化，自己都能及時看到。當你看到自己每天比前一天有進步，就給了自己一個正向回饋，相當於給自己按了一個確認鍵，這一步是非常有能量的。我在做教練的過程中發現，我在跟學員互動的時候，我會給一些小建議、小方法或者小妙招，當他們去行動了，很快就有了正向回饋，然後他們回來告訴我他們的小進步並對我表達感謝，這也讓我很開心，這對我來說是極大的動能，為我的精力帶來能量。

一件事的正向回饋來源於兩點，第一個是自己給自己的，看見自己每一小步的進步並及時按確認鍵。這個小目標，千萬不要定得太高，如果定得高，你對自己的觀察沒那麼細緻，很難看到這個回饋，也就失去了繼續向前的動力。讓目標足夠小，一步一個腳印，從一個臺階開始，走向更大的臺階。

第二個是別人給的正向回饋。這也是為什麼說環境很重要。有時候，一個人走不遠，但是一群人共同營造了一個環境，包括外界的監督機制，比如社群裡學習，交了押金，還有彼此的監督和鼓勵。你看到他的進步，他看到你的進步，這是一個被動和主動賦能的過程。這是我們日常生活中非常重要的一個部分，無論是應用在成長中，還是工作中。

這也是為什麼有些人很容易有成果，而有些人沒那麼容易的原因。關鍵在於在這個過程中，有沒有一些額外的東西給你賦能。比如在教學中，我之前很少去做打卡營，我把自己認為好的東西教給大家，希望大家可以自己去落地實踐。可是隨著我的教學經驗的增長，我發現並不是所有人都能把學到的東西用在自己身上，只有極少的學員可以，大多數學員做不到。所以，我開始去做打卡營，幫大家把目標拆分成更細的可執行的動作，然後帶大家按照這個方式一步步去行動。在打卡營裡，大家互相監督，如果你到了晚上十點還沒打卡，就會有人提醒，還有彼此點評和打氣，這就創造了一個很好的氛圍。打卡的內容拆得足夠細、足夠小，大家也很容易落地和拿到正向回饋，就越來越有動能。會拆解小目標，並且把自己放到合適的環境中，你就能在正向回饋中獲得動能。合適的目標，就是合適的精力加油包。

三、這個目標最好符合你的價值觀與熱愛

很多人不知道自己的目標是什麼，這或許跟我們的成長環境有關。小時候，我們很難有「我」，耳邊都是爸爸媽媽要求怎樣，老師要求怎樣。一個被過度保護或者過度「指導」的孩子，他不知道自己想要什麼，而是被別人、被社會價值觀或者自己所在小團體的價值觀和目標同化了。當你設定了一個對自己沒有吸引力的目標，你在執行的過程中是沒有動力的。而

如果這個目標是你真正想要的，它會像磁鐵一樣，吸引著你披荊斬棘地奔赴那個地方，這一路上，你可能也會吸引到意想不到的資源。那麼如何知道自己的熱愛和價值觀呢？在接下來兩節我們會講述。

5.2 讓熱愛為你賦能

「當你熱愛一件事，這件事會自帶動能」，我想人們對這一點並沒有太多異議。關鍵是，大多人不知道自己熱愛的是什麼。

我是如何找到自己所熱愛的呢？我的方法比較簡單，我一開始並沒有去做市面上的各種測試，而是用自己的方式研究出來的。

透過記錄時間找到我的熱愛

我是透過記錄時間找到了我的熱愛。我發現我讀時間管理相關的書的時候，非常容易進入心流狀態，我明明計畫讀書一個小時，但不知不覺就讀了九十分鐘甚至兩個小時，這件事引起了我的關注和好奇。二〇一九年我在一次線上課學習的時候，這個課程的班導師發現，雖然中國與澳洲有兩個小時的時差，可是每次晚上上完課沒過多久我就能交作業，並且品質很高。她覺得我跟別人有很多不一樣的地方，就邀請我去社群做時間管理的分享。

我當時是第一次做時間管理的分享，還精心整理了很多漂亮的ＰＰＴ，有動畫，有場景等，整個過程都很順利。再後來就會有人邀請我出個課程，在大概兩三個月的準備時間裡，我發現我沉浸於和大家做互動、備課、準備ＰＰＴ，我很享受這個過程。當時我還是有正職工作的，對比正職工作，這件事讓我有很不一樣的感覺，它讓我發自內心地愉悅。並且在做這件事的時候，我會不由自主地超時，本來計畫一小時的事情，我可以沉浸地去做兩個小時。慢慢我就意識到，我真的很喜歡做這件事。這就是我找到熱愛的一種方式，透過記錄時間，發現自己做什麼事情容易進入心流狀態，找到了自己熱愛的事業。

讓熱愛滋養你的生命

生活中還有一種熱愛，我稱之為「天然愛」，它們不是你的事業，卻是你生活中無法割捨的一部分。比如我就莫名其妙地喜歡跳舞，非常喜歡，只要音樂響起，我的身體開始晃動，就會覺得開心。其實我並不擅長跳舞，在自身條件上不太有優勢。很多老師說，妳這大長腿是挺好看的，但是妳做動作的時候半徑比別人大，需要的腰腹核心力量就更大，否則妳永遠比別人慢半拍。而且由於腿太長，我上肢的很多動作做起來也不漂亮，可是我就是喜歡跳。我一開始不願意把精力花在這件事情上，因為我已經習慣了把精力的最高優先順序都放在我的工作ＫＰＩ和個人成長上。但是當我去了澳洲，看到當地人在海邊一躺就是一天，給了我極大的觸動。在澳洲，我認識了很多人，他們跟我以前見過的人很不一樣，比如有一個朋友，每年定期去不同的海島潛水，其餘的時間就努力工作。他工作的努力程度不亞於任何人，我一開始會覺得，為什麼要花這麼多時間潛水，這不是浪費時間嗎？當我也有了一些海島旅行的經歷之後，我發現，當你去做一些你熱愛的事情的時候，它是會滋養你的生命的。而且我找到了那種「悠遊」的感覺。什麼是「悠遊」的感覺呢？就是即便我要做的事情非常多，但是我的內心不再慌亂，可以淡定地、有條不紊地去做事，這是我的女神，生產力和時間管理書籍的暢銷作家——蘿拉．范德康（Laura Vanderkam）說的時間管理的最高階狀態。我以前只是在頭腦中嚮往，而我現在能真正體會到了。時間不再是我的稀缺資源，這一點的意義非常重大。因為當我們的大腦進入了稀缺模式的時候，我們在決策時會本能地保護自己的稀有資源，本能地想節省時間，而不是做最有利的決定。

後來，我開始試著尋找自己喜歡的事情，比如去跳舞。雖然跟不上大家的節奏，也沒有別的同伴那麼柔軟，但是依然內心很歡喜。後來我發現，跳舞還給我帶來了額外的驚喜。本來在我的自然作息下，我的精力在晚上九點和十點是下降的狀態，大腦進入半睡眠模式，不會有太高的產出和創意。但是有一次我的舞蹈課被調到了晚上，當我十點跳完回家，我依然可以保持興奮的狀態，並且這種興奮程度是平時在健身房花同樣的時間達不到的效果。這就意味著我在晚上又為自己贏得了一～兩小時的高精力時間段。跳完舞以後我的大腦非常有創造力，寫書的效率也極高。我逐漸意識到，有些事情雖然看似不直接產生結果，但是卻會滋養你的生命，讓你的精力更加充沛和旺盛。

做你熱愛的事情，它會自帶動能；做你熱愛的事情，它會為你的精力賦能。你找到自己的熱愛沒有？如果沒有也沒關係，帶著好奇心去探索生活、探索自己。找到自己的熱愛，並且珍惜這種熱愛，你會發現，生命開始變得不一樣。

5.3 讓價值觀為你賦能

這幾年很多人都去做熱愛測試（或者說夢想清單、能量清單），聽說這些測試和清單能激發一個人的巨大能量，我找到了比較好的老師也去做了一下。測試結果並沒有特別讓我吃驚的地方，因為它跟我現在整個的工作狀態都是一致的。我做的事情就是我熱愛的事，我覺得這個測試滿好的，就讓我的小助理也去測一測。然而，測試裡問題的答案，她做了幾個月都沒辦法完成。我覺得很奇怪，怎麼會發生這種事呢？我看她在我這裡工作的時候，也是很積極主動的，做事也很起勁，但是為什麼她做不了這套測試？後來我猜測，我的小助理是極致理性的人，或許這些所謂的熱愛，沒有辦法給她帶來額外的精力動能。

價值觀帶來動能

為什麼熱愛沒給她帶來動能，她工作起來還這麼有內驅力呢？我後來意識到，原來她的自驅力來自於她的價值觀。她認為時間很重要，精力很重要，效率很重要，她的正職工作是生產線上的精益工程師，跟時間和效率都相關，我的工作也是跟時間和精力相關的，所以對兩件事她都很有動力。

我開始意識到，人從性格裡獲得的能量，包括兩個方面。對於感性的人來說，「熱愛」會給他們帶來更多額外的能量，他投入熱愛事情時的精力會更多。而對於理性的人就不好說了，對他們而言，完成這個熱愛測試都非常困難。如果做的事情符合他的核心價值觀，那麼他從這件事上能調動的精力能量就越多。

對於我而言，我是一個偏中性的人，也就是我的感性和理性比較平衡，我做的這件事就很巧，既在我的熱愛裡面，又符合我的價值觀。所以我現在從事的工作，幸福滿意度指數就很高，我不需要外界催促，就能保持持續的內驅力。

找到你的價值觀

如何找到你的價值觀呢？

第一種方式：觀察自己的口頭禪

你的口頭禪就是你的價值觀的一個出口，你常說的話，你取捨選擇的依據，可能都隱藏著你的價值觀。比如說，有個學員在課堂上說，自己和媽媽打電話，掛完電話後，她老公告訴她：讓媽樂觀一點，全程聽妳倆對話，我就只聽見媽說「咬咬牙堅持」這幾個字了。然後這個學員很驚訝，為什麼自己就沒注意到這幾個字呢？後來才意識到，她和媽媽一樣，都已經習慣了人生要「咬咬牙堅持」，她覺得人生就是要吃苦，不吃苦就要落後，所以她的生活總是過得很緊張，不敢停下來放鬆。現在，察覺你自己的口頭禪，裡面藏著什麼價值觀呢？

第二種方式：觀察你的情緒

有很多時候，你可能會因為一件事違背了自己的價值觀而產生極大的情緒。比如我特別容易被我的印度同事們激怒，跟他們約定了七點見面，都等到七點半了，他還在說著「馬上到、馬上到」，然後我又等了半個小時，他們還沒到。每次遇到這種情況我都恨不得原地爆炸。這是因為在我的價值觀裡，時間是非常重要的，他們沒有尊重我的時間。又如，我以前特別討厭一些人說話不算話，只要被我發現，我的情緒馬上就藏不住了。現在的我已經可以體諒別人可能是有不得已的原因，但是在更年輕一點的時候，我基本上都會馬上爆發。從這個情緒裡可以看出，守信是我的重要價值觀。

讓價值觀為工作賦能

現在很多人都說對自己的工作提不起興趣，每天得過且過毫無動力。其實可能是因為你工作裡的價值觀跟你的價值觀不符合。

在工作中的價值觀，可以分為三層，第一層看工作內容本身，第二層看你的老闆，第三層看整個公司的企業文化。當這三層的價值觀都與你的價值觀相符的時候，這會給你帶來極大的動能，至少不會給你帶來精力內耗。

有什麼方式去看你工作中的價值觀呢？你可以去問自己這兩個問題：當初為什麼選擇這份工作？最後為什麼選擇離開？你可以考慮工作內容、薪水、成長性、團隊氛圍、工作強度等因素。透過這種方式，把過往的經歷羅列出來，用這種方式去梳理你在工作中的價值觀，你就拿到了一個大致的價值觀地圖。然後日後在工作中不斷去觀察、調整，慢慢就能知道自己在工作中的價值觀是怎樣的。

當我們開始有職場選擇權的時候，就可以去選擇跟自己價值觀最貼近的工作，為自己構建一個相對舒適的環境，有機會把潛能發揮到最大，把沒必要的內耗降到最低。當你做的事情越符合你的核心價值觀，你得到的動能就越大，在這件事上投入的精力就越多。

去梳理你的價值觀吧！尤其對於理性的朋友，價值觀更是你的重要精力來源，當你去做符合自己價值觀的事情時，就相當於你在利用性格裡自帶的精力，它的潛力是無限的。

附：跟隨你天然的渴望

——陳豫盈（Q醬）

天然渴望是什麼？

它不等同於一般的願望，那些大多是被社會或者父母強加的渴望。

父母或社會強加的渴望，只能叫做執念：別人有了我也要有，有了這個大家會比較喜歡我，有了這個證明我比較成功，有了這個會安全，父母會比較放心……但其實這都是大腦編撰出來的。

天然渴望不是這個東西，它是一件你想到就會興奮、發熱，想到它就覺得非常爽的事。

其實很多人都曾經說過這個方面。

賈伯斯說：找到你的熱愛，跟隨你的心。

美國熱情測試的理念是：跟隨你的熱情。

ＪＴ叔叔講莊子：跟著衝動去做事。

雙板自由式滑雪奧運冠軍谷愛淩說：「那種騰空的、自由的感覺，太棒了。像一隻鳥，飛起來、落地，是非常厲害的。這不是每天能感覺到的。滑雪飛起來的感覺和那種高興的感覺，讓我最上癮。」

以上這一切，都算是天然渴望。

做了之後你會感到興奮和爽的事情，就是你的天然渴望。

然而，最高興奮點是會變化的。那麼，如何判讀自己當下的最高興奮點呢？

如果對自己有覺知的人，以及有條件的幸運兒，比如谷愛淩、蔡志忠等很年輕就成功的人，會在年輕的時候，去儘可能地體驗並且堅持自己判斷和選擇。

我在近兩年創造了一套自己的方法去尋找自己內心的最高興奮點。判斷標準如下：

1. 面對這個渴望，你的身體是否能夠感覺到輕盈？
2. 面對這個渴望，你的心情是否感覺到正向愉悅？
3. 臨終前如果你沒有做，你是否會感到遺憾？

對，只有這三個標準。

目前社會上有不少人都已經把自己的願望等同於社會成功標準——有錢，找個好對象，事業做得好。但其實天然渴望是一個個人化、階段性的事情。比如每個人都告訴你，你這個年紀應該結婚，單身是非常不好的。但這個階段，你的靈魂渴望全球旅行。你是否能跟隨自己的靈魂渴望來行動，而遮蓋外界的聲音？大多數人沒有這個勇氣。

但很遺憾的是，如果跟隨外界的聲音，你將會體驗無窮無盡的挫敗。一切不跟隨自己天然渴望的行為，都要用到意志力。大量動用意志力是非常消耗能量的行為。如果你在一件事之中感受到自己的內在渴望得到滿足，那麼這件事就能滋養你，讓你得到額外的能量。當然有的時候我們跟隨自己的天然渴望（熱愛），你的內在也有很多的限制。比如我的靈魂渴望全球旅行。那麼你的大腦會出現一萬個理由說服你：你負擔不起／沒有收入，怎麼辦？這就是思維的設限，即原生家庭、社會給你的限制性信念。跟隨真實的渴望，就要不斷地找到新的方法，你會發現，其實限制只是來自自己。我就曾經在身上僅剩下三千人民幣的時候，找了一份環遊世界的工作，三年帶薪去了二十多個國家，從而實現了我的渴望。

跟隨天然渴望有三個關鍵：

第一，明確你的天然渴望

這需要透過一個精準步驟，幫助你達到身心靈和諧統一的三個標準：①面對這個渴望，你的身體是否能夠感覺到輕盈？②面對這個渴望，你的心情是否感覺到正向愉悅？③此生不達成這個渴望，你是否會感到遺憾？你可以尋找諮詢師，也可以透過自我調整，來找到自己的方法，儘量明確和聚焦自己的內在天然渴望。

第一步，找一個安靜的環境，寫下你所有渴望的。在你人生最理想的狀態下，你是誰？你正在做什麼？你感覺如何？

需要以「我正在」開頭來連接當下感。每一條要寫的必要元素有：當我人生最圓滿的時候，我正在幹嘛，我感覺如何？請注意：這個「我感覺如何」的重要性遠遠大於你在做什麼。比如，我正在我的大房子裡喝剛泡好的花果茶，我感覺特別富足。所有能給你這種感覺的事情，都會透過各種管道來找你。寫下五～二十五條為佳，越多越好，無所限制。

第二步，用你的身體連接本條願望。感受身體是否沉重。請你注意區分大腦的興奮和身體的感受是完全不同的。有的時候面對這條願望，你的大腦很興奮，但身體和內心都很沉重、很鬱悶。比如說很多來訪者的願望是想要幫助幾萬個人獲得某種成功。這個願望往往是社會道德給予的，並非發於自性。身體會感覺到極其沉重。還有就是財富目標設定過於龐大，純屬大腦妄想，這種情況也會導致身體沉重。所有讓你感到沉重的願望，都是你的父母或者社會標準設定的枷鎖，強加給你的，並不是你自己的天然渴望。如果感覺沉重，這條就淘汰。

還需要注意的是：安全感。如果你在用願望滿足你的安全感，那並不是天然渴望。那只是「我不想恐懼」。比如，「我正在和我的愛人在一起，我感覺到很安全」、「我正在拿著有一千萬元的存摺，我感覺到很安全」這些都不是天然渴望，只是恐懼驅動。天然渴望是出於愛，安全感則是出於恐懼。天然渴望是喜悅、興奮，甚至有心流存在的。安全感則是出於生存本能，是一成不變的需求。比如，有些人賺錢只是為了用錢消除恐懼，獲得安全感。那麼你會發現，越來越消耗能量，因為你沒有本能的天然渴望支撐。而用天然渴望來賺錢是非常快樂的。因此，你的清單裡也不能有「逃避痛苦」的負面表達，比如：「我和我的老公不吵架」，因為不吵架就是在逃避恐懼。只能用正向表達：我正在和我老公一起看電影。

第二，不能為他人許願

你為他人許願：我兒子正在名牌大學讀書。那不是你的天然渴望，而是出於你對兒子的擔心。當你為別人的事情許願，屬於邊界不清晰，很容易背負別人的生命，導致自己人生路徑的偏差。

第三，不要執著於某個特定的人或事物

重點是感覺。真正的許願一定要許感覺：我正在享受美妙的親密關係。而其出現的形式則不限於某個人。

這樣過濾出來的你真實的願望（天然渴望）只有七～十條，接下來為了更加明確，你需要進一步篩選出核心三條。

核心三條是能量清單之中比較重要的一個部分，它會大幅度地精確化你的渴望。這裡並不是說其他事情就無法兼顧，而是你必須永遠專注最重要的事情。賈伯斯和比爾．蓋茨曾參加一個專訪，其間主持人讓兩個人一起寫下成功祕訣，兩個人不約而同寫的詞是：Focus（專注）。因此，你的熱愛也需要聚焦，一定要篩選出最核心的三條。

以上就是當時我做的能量清單（稍作修改），感謝陳豫盈（Q醬）的授權。

本章小結

一個設定合理的、符合你的熱愛與價值觀的目標，會為你帶來潛力無限的精力來源。尊重你的價值觀，找到你的熱愛，它們是你性格裡自帶的精力能源。

1. 學會聚焦，是讓精力發揮高效能的關鍵。
2. 透過生命之輪設定長期目標和短期目標，合理分配精力，讓你的目標一步步落地。
3. 從設定一個足夠小的目標開始，用正向回饋為你賦能，一步一步走向更大的目標。
4. 透過記錄時間開銷，發現自己做什麼事情可以進入心流，幫你找到自己的熱愛。
5. 有些你熱愛的事情雖然看起來不直接產生結果，但是卻能滋養你的生命，讓你的精力更加充沛和旺盛。
6. 人從性格裡面獲得能量的方式是不同的。感性的人容易從熱愛的事情裡得到動能，而理性的人其驅動力則更多源於核心價值觀。
7. 你的口頭禪和情緒裡藏著你的價值觀。
8. 當你做一份符合你的價值觀的工作時，有機會把潛能發揮到最大，把沒必要的內耗降到最低。

Part 2

精力管理

精力是有限資產，需要妥善規劃運用

第 6 章

布局精力——

把最好的精力投資在最有價值的地方

6.1 你的精力是如何布局的

精力是我們人生中非常重要的資產，我們的很多人生結果都是精力投入之後的產出。精力的投資需要精心地布局，然而太多人沒有認識到精力的重要性，隨便投資精力，揮霍了自己的寶貴資產。

你對自己的精力有覺知嗎？

沒有精力投資和布局概念的人，是如何使用精力的呢？

1. **無規劃地被動使用精力**：我看到生活中的很多人，包括我的學員，他們的精力是隨機分配的，完全沒有提前規劃的意識。比如，每天早上一到辦公室，接到電話就開始做被臨時安排的工作；計畫好的涉及升職加薪的PPT還沒來得及做，就被叫去開會了；開完會做完會議記錄，在茶水間碰上同事，聊聊孩子的才藝班，一上午就過去了。中午吃完飯又開始想睡，打瞌睡了半天，看看郵件和通知，這一天就過去了，PPT只建了個空文檔。回到家，被孩子、家務瑣事環繞，疲憊不堪，在做PPT與滑手機之間選擇了後者，然後一滑就停不下來，直到後半夜。第二天早上苦不堪言，拖著疲憊的身軀去上班……很多人就是這樣，一天又一天隨意使用自己的精力。

2. 對自己的精力狀態無知無覺：有些人對主動規劃時間有了一點認知，可能是因為這些年市面上時間管理的書比較盛行。但是，他們還無法做到對精力的知己知彼。什麼意思呢？首先，他對自己每天各個階段的精力狀態是不了解的。比如，你是早上醒來精力狀態好呢，還是早飯後精力狀態好？是下午精力好呢，還是晚上精力好？有些人聽別人說早上精力好，也早上起來工作，可是自己起床後昏昏沉沉，面對原定的任務充滿畏難情緒，跟自己耗了大半天，也沒產出什麼結果。等他精力好點的時候，卻要馬上趕上班了，好精力又全都耗在了路上。這類人對精力規劃有了一些粗淺的概念，知道自己哪些任務重要，但是往往不了解自己的精力狀況，而導致實際情況與計畫千差萬別。

上述這類人是不能「知己」，還有些人是不能「知彼」，這又是什麼意思呢？意思是說，不同的任務對我們的精力值要求是不一樣的。比如說，我講課或者寫書必須找精力值最好的時段。而生活中的一些雜事，比如回覆訊息、整理資料、財務對帳、郵寄禮物、測試新平臺，精力值稍低時是可以處理的。如果把這些事情放在精力值高的時間做會有點浪費。也就是說，我會把最重要的精力放在價值高的、對精力需求高的事情上。我不會在早上醒來精力最好的時候去花半小時以上打掃房間。當然了，每個人每天的精力階段是不同的，每天的工作任務對精力的需求也不同，所以別人的答案不一定適合你，你只能自己去探索適合自己的模式。

以上都屬於不會布局自己精力的表現。針對以上情況，其實我們也可以總結出精力布局遵循的兩條原則：

(1) 主動規劃；

(2) 知己知彼。

主動規劃：就是把重要的事情安排在精力好且不被打擾的時間，比如早上，並且主動創造專注的環境，把手機等各種聊天工具、信箱都關掉。我自己的習慣是，每天早餐之前是不碰手機的，這段時間沒人打擾，且精力值最高，我只完成我提前安排好的重要任務。以前我都是用來讀書，這兩年用來寫書。有主動規劃的意識，在精力投資上已經贏了一大步。

知己知彼：是指知道自己在什麼時間精力值最好，也知道自己每天的任務各自需要的精力值，比如我知道自己早上精力值是最高的，也知道寫作、個案諮詢需要的精力值高，兩者就可以匹配。而普通的溝通工作、整理檔案等，都只需要低精力值和碎片時間即可。

那如何做到知己知彼呢？答案是長期記錄自己的時間和精力使用情況。世界上有很多成就卓越的大師，比如柳比歇夫（Alexander Alexandrovich Lyubishchev）、富蘭克林（Benjamin Franklin），都是時間記錄的擁護者和實踐者。我透過長期的記錄，對自己的精力情況瞭若指掌，對自己日常生活中的常見事情所需要的時間和精力也很清楚，這樣我能做到精力與事件的高度匹配，不浪費自己的精力，也不耽誤重要的事情。

如何布局一天的精力？

下面我將以自己為例，來說明如何布局自己一天的精力。

我會按照當前（今年）生命輪的重點和重要他人來安排我的精力，確定最高優先順序，保證它們儘可能得到最好的精力時段分配。

我今年的生命輪排序，第一優先順序是工作和家人。對於工作，主要有三項，寫書、上課、與同讀書院的合作，我會把最好的精力值都分配在這三件事情上。對於家人，確保不在特別疲憊的時候跟媽媽通話，以保證我每次能更好地給她情緒價值。

第二優先順序是健康。健康很重要，健康決定了人的生命品質。前些年我在健康方面已經做了大量功課，打下了比較堅實的基礎，今年不算我的生命輪重點，我只要做到維持就可以。以前健康是生命輪重點的時候，我會盡最大可能保證我的睡眠在固定的時間段，以及平均一天一個半小時的運動，週末還有一次突破舒適區的運動。今年工作量比較大，睡眠和運動也是要重點關注的，因為這兩項都需要累積，也就是時間積累要足夠多。但現在做不到以前那種嚴格程度，只保證睡眠中有八十%能睡到自然醒，運動保證一週三小時。

以上就是我今年精力分配的優先順序原則。有了這個大原則，那麼接下來，就可以據此來布局每天的精力安排。

如何做到對自己每天的精力精準布局呢？第一步要讓精力視覺化，讓精力變得可度量。時間就是生命和精力的刻度尺。我們透過整理時間來看見精力。往往精力的被動消耗，就是因為它的不可視以及不可度量。不可度量的東西最容易被忽視，也很難優化，所以我們要進行時間和精力「開銷」的記錄。透過記錄，我們可以看到自己的精力投資情況和匹配情況。我主要觀察兩點：第一，我所有的時間投資是不是在為我的生命輪目標服務？第二，在時間投資中，我的精力的優先順序匹配是不是最優解？然後在記錄整理的過程中，放下不那麼有價值的事情，不斷優化我的布局安排，以及我的排序原則。

表 6-1 是我對自己一天的時間和精力的記錄。

透過一步一步地記錄，對於生活中有規律的部分，你會逐步知道它們所需要的時間和精力水準。從我的表格看，今天這一天安排得比較滿，平時的話我會留白二十%的時間。

計畫時間	實際精力值	事件&所需精力	實際時長	備註
7:30-9:00	7	起床、洗漱、運動、早飯&無需求	2 小時	健康
9:30-11:30	8.5	寫書 3000 字& 8	2 小時	重要生命輪&重要工作
11:30-12:00	7.5	線上溝通& 8	45 分鐘	
12:15-14:00	7	午飯睡覺&無需求		
14:00-15:00	8	寫書 1500 字& 8	1 小時	重要生命輪&重要工作
15:00-15:30	8	復盤同讀書院活動& 8	30 分鐘	重要生命輪&重要工作
15:30-16:00	7	休息以及個案準備&無需求	30 分鐘	
16:00-18:00	8.5	個案諮詢& 8	2 小時 17 分鐘	重要生命輪&重要工作
18:20-18:50	7.5	晚飯&休息&無需求	30 分鐘	
19:00-20:30	8.5	講課& 8	1 小時 30 分鐘	重要生命輪&重要工作
20:30-20:50	7	視訊電話&無需求	20 分鐘	朋友
21:10-22:10	7.5	聽課& 8	1 小時	學習成長 / 接納
22:30-23:00	6	洗漱睡覺	30 分鐘	23:00 上床，不用手機

表 6-1　一日時間和精力記錄

透過記錄，你會得出一條比較真實的精力曲線，這是一個了解自己精力狀態的過程，之後可以在此基礎上對自己的精力狀態進行排兵布陣。

比如，圖 6-1 是我這一天的精力波動曲線圖。

那麼，如何給自己的精力值評分呢？可以根據表 6-2 來判斷。

了解不同的事件所需要適配的精力也需要一個過程。我剛開始把重要的事情，比如工作中的重點——講課、寫 PPT、個案諮詢和寫書都放在精力比較好的時候。後來因為一些計畫外的事件，計畫發生了一些變動和滯後。我發現自己在精力值 7 的時候根本沒法寫書，基本都是被卡住、無法產出的狀態，完全無法按時按量地完成計畫。但是在精力值 7 的時候，我是可以講課的，而且不影響講課品質，因為我非常熱愛講課這件事，我可以在講課的過程中迅速把精力值提升到 8，但下課後，基本又迅速回落到 6 甚至 5.5。個案諮詢也需要

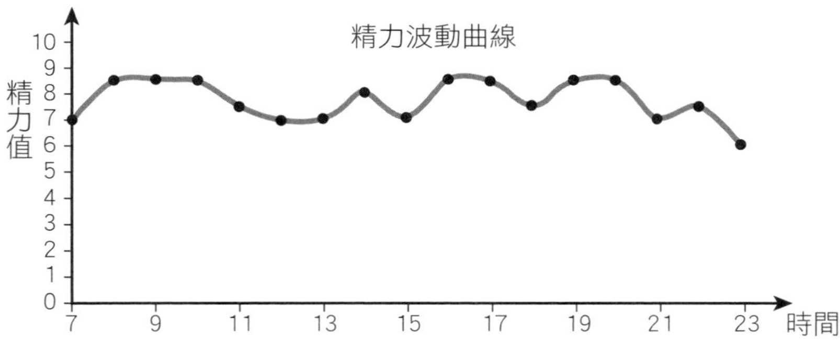

圖 6-1　一日精力波動曲線圖

精力值	狀態
10 分	精力充沛且狀態穩定，應對工作和生活遊刃有餘，心情愉悅、內心篤定。
9 分	工作學習高效，靈感如潮水般湧來，對自己很滿意，對外界也比較包容。
8 分	全力以赴，可以隨時進入工作學習的心流狀態，情緒平和愉悅、積極正面。
7 分	高效工作學習，不借助外力可以較長時間專注，心情比較平和，偶爾有情緒但能克制。
6 分	階段性疲勞，但借助番茄鐘可提高效率，情緒大部分正常，時有不耐煩
5 分	勉強應對工作生活，身體易疲勞，容易煩躁。
4 分	哈欠連天、疲勞、情緒易波動，能專注的時間較短。
3 分	關鍵時候扛不住壓力，容易生病。
2 分	身心疲憊、經常失眠、心情低落、易怒。
1 分	體弱多病、注意力很難集中、精神游離。

表 6-2　精力值評分參考

精力值為8或者8以上，如果低於8，雖然可以做，但是花的時間會比原來長五十％左右。做PPT精力值在8以下也可以，但是時間軸也會拉長三十％～五十％不等。聽課這件事就比較有意思了：有些知識密度沒有那麼大的課程，7以上的精力值就夠了。有的課程知識密度大，而且我本身的認知儲備也不足，那麼就需要8甚至8.5的精力值。此外還跟老師的風格有關，如果一個老師全程講乾貨[14]，故事性也不足，精力值7就不能很好地消化吸收，課後還需要反覆聽和練習。有了這些資料基礎，我就可以逐步調整自己的時間分配，按照事情的重要性和對精力的需求來排兵布陣，讓自己的時間精力匹配有一個最優解。

作息飲食與精力的匹配

除了精力與任務的匹配之外，我的飲食、休息也是與精力相匹配的。比如說，如果上午八點開始做個案諮詢，為了保證過程中的高精力需求，八點前我會先喝一杯黑芝麻糊和吃一個雞蛋，然後十一點多個案結束後，再吃一點蔬菜和蛋白，這次加餐的食物都是低升糖指數的，並且保證七分飽，腸胃不會占用我太多的能量，確保大腦能量供給充足。然後忙完一些雜事，再安排午休，保證下午兩點到四點的高精力值用來寫書。為了保證晚上八點上課有高水準的精力，我需要提前三個小時吃飯，即五點吃完，等我講課的時候，基本已經消化完了，不會太影響精力。有時候太過疲倦，為了保證晚上的上課品質，我還會提前小睡一會兒。

想做到對精力的精準分配，除了長期觀察和記錄，知己知彼，還有很重要的一點，是規律化。也就是你的作息、飲食要儘可能規律化，讓你的身體肌肉形成記憶。

比如說飲食，我知道自己吃完飯幾個小時後能保持清醒，知道幾個小時不會餓。我的飲食是相對固定的，比如我一般早上先工作，工作到九點多，吃一頓富含蛋白質、維生素的早餐，下午四五點鐘再吃一頓，常見的組合是煎或者煮幾塊雞胸肉，再加點蔬菜，拌一點沙拉醬，蒸一點南瓜或者做個三明治。我的這個套餐並非固定不變，會根據情況及時調整。比如說晚上為了上精力管理課，我一般都提前三個小時吃飯，但是如果我由於某些原因只能提前兩小時吃飯，那麼我會少吃一點，確保上課前能消化完。

我的小助理之前跟我說，不知道為什麼，吃完早飯就頭昏腦脹，寫作進行不下去，想法老是翻來覆去就是沒結果。我告訴她，早上起來先把寫作任務完成再吃早飯。就這麼一個小的轉變，她告訴我，寫作流暢多了，並且早早完成任務，感覺一大早就被賦能，神清氣爽的。吃完早飯後精力水準下降，那就做點沒那麼高精力需求的工作，這樣一天下來工作量往往能超出預期。

14：知識實用性強，沒有灌水的內容。

除了飲食的規律化，還有作息的規律化。你只有在一個固定的作息時間段，才能得到一個相對穩定的精力水準。每個人體內都有一套生理時鐘。《生理時鐘決定一切》的作者麥可·布勞斯說，生理時鐘影響著你的生理活動，掌控身體的一切，包括新陳代謝、情緒、專注力、體重管理、創意發揮等。你的作息和生理時鐘越穩定，你的潛能越能被開發。有研究也表明，規律的作息可以提高身體免疫力，促進排毒，提高工作效率，提高健康水準。

我發現很多人有兩套作息模式，工作日一套，週末休息日一套，他們往往週一會特別沮喪、疲憊，難以進入工作狀態。為什麼會這樣呢？因為他們的工作日與休息日的作息差別太大，相當於你的身體在不停地倒時差，這是非常消耗能量的。你可能要問，週末難道不能補眠嗎？不是不能，你可以多睡一個小時，但不要太久。如果你覺得睡不夠，可以下午再補一覺，但不建議日夜顛倒，一上午躺著不起床，到了晚上又不睡。

想獲得精力投資的高報酬率，就要對精力有精準布局。這需要我們長期記錄時間和精力開銷，對自己的精力以及事情對精力的需求瞭若指掌，同時儘量保證飲食作息規律化來配合自己的精力布局。只有如此，你才能擁有最優配置的方案。

6.2 精力的投放迷思

我從小就讀《曾國藩傳》，到現在已經讀了二十多年了。我總結出重要的一點是，取勝的第一步是不要犯錯。所以在精力的投資上，我們也要關注自己是否把精力投放在了錯誤的地方。本節列舉幾種具有迷惑性的投放迷思，分別是：低價值的事情、不值得的人、改變不了的事實、自己無法控制的事情，以及被困在情緒裡。

迷思一：把精力投資在低價值的事情上

記得剛工作的時候，我對精力還沒什麼概念，在精力的投資上是非常被動的。早上一到辦公室，趕緊打開電腦收信，因為在外商公司工作，每天早上都會收到七八封新郵件，有來自各個部門的，有來自美國總部的。事實上，這些郵件也沒那麼緊急，但我總忍不住趕緊點開處理，等我處理完，基本上一個多小時就過去了。其實這段時間是非常寶貴的，因為這個時候我的精力值高，也沒人打擾。當早上這一個小時過去後，各種電話、會議都來了，我的時間就不可控了。那段時間我覺得自己每天從早到晚都很努力，但也很疲倦，總有種應接不暇的慌亂和無力感。後來我反思才發現，我把最寶貴的精力都用在了低價值的事情上。

後來我去了澳洲，我發現我在休假的時候特別喜歡早上起來收拾房間，因為在澳洲的房子比較大，收拾完幾個小時就過去了。後來我意識到，這個習慣是我無意識模仿了我媽媽的行為。我媽媽對衛生的要求非常高，她有每天早上起來就收拾房間、洗衣服的習慣。但是對我而言，這些事情的價值相對於我的工作和學習是偏低的，不值得我花費最好的精力。後來我就開始改變這種行為習慣，不把早上最好的精力用在打掃房間上。在我比較忙的時候，我會把收拾房間這些事情外包給阿姨，甚至偶爾我會直接把這部分忽略掉，偶爾的不整潔也是可以接受的。

一些低價值的事情，可以不做，可以給別人做，可以換個時間做。但是往往由於我們的行為慣性而忽視對它們的安排。永遠記得，把最好的精力投資在你認為有價值的地方。

迷思二：把精力投資在不值得的人身上

我在做個人品牌的初期非常熱心，很想去幫助別人。有些人經常來問我問題，即便他並非我的付費用戶，我還是好心地一遍遍地解答，但時間久了，我發現他並沒有任何改變。

因為你告訴他的東西，他也不去實踐，他只是想把自己的情緒垃圾倒在我身上。後來我意識到，這些精力花費得並不值得，因為他沒有做好改變的準備，他還沒有準備好為自己的人生負責，而是把改變自己的責任甩在別人身上。只有等他想為自己負責的時候，我給他工具和方法，我付出的精力才是有結果的。從那時起，我就知道了，自己精力有限，不要浪費在不值得的人身上。

迷思三：把精力投資在改變不了的事實上

很多人都把精力消耗在了改變不了的事情上，比如說女人對外貌的焦慮。皮膚、面部肌肉，這些是可以改變的，你可以花費精力，但是骨相、身高這些是難以改變的，如果你一直糾結和苛責自己，其實就是一種對精力的浪費。不僅外貌，其他事情亦是如此。記得我在澳洲讀第二個碩士學位的時候，選了一門很難的課程，通過率低於五十％。其實當時讀第二個學位的時候，我並不想當學霸，但是我想通過這個老師的課程，就要付出當學霸的努力。我當時有非常大的情緒阻力，又沒辦法退學，怎麼辦呢？我就想辦法努力去為這件事找到樂趣。後來我發現學校門口有個很受歡迎的飯館，所以每次上完這門課，我都獎勵自己去這個飯館吃一頓飯，上課這件事就變得沒那麼困難了。我們對一件事接納和適應的速度越快，從精力投資的角度來講越節省。對於那些你不喜歡的事，你可以找到喜歡的部分，也可以提取到積極的意義和價值來幫助自己成長。有學員會跟我說，我不喜歡某個同事，然後抱怨同事如何令人討厭。我問她，妳想換工作嗎？她說不想。我說，那就去找他學習。學員很驚訝：「他這麼令人討厭，我有什麼可學習的？」我告訴她，去找他身上妳不喜歡的方面，妳不要去做就好了，這算是一種反向學習。

迷思四：把精力投資在自己無法控制的事情上

前兩年一直計畫著從澳洲回國，但是因為新冠疫情耽擱了很久，直到二〇二一年四月份，我買好了機票，退了房子，賣了車子，跟老友一一告別，早早來到機場，高高興興地準備回到祖國母親的懷抱。然而就在雪梨轉機的時候，我被告知回國申請書有點問題，需要重新申請。那一刻我是有點懵的，房子都退了，我住到哪裡去呢，我連衣服都提前打包好寄回國了，剩下的這幾件衣服只能勉強夠穿兩天。最關鍵的是，我不知道新的申請書什麼時候能下來，這代表著我後續的衣食住行都有極大的不確定性。但是我馬上轉了想法，既然申請書什麼時候出是我無法控制的，那不如把注意力放在可控的事情上。接下來我在雪梨先玩兩天，然後重新找地方住下來。其實我們經常會為了自己控制不了的事情擔憂、焦慮，但從更理性的角度來看，這些都是無用功，你的擔憂和焦慮無法改變一丁點事實，不如把有限的精力放在那些可控的地方，減少精力浪費。

迷思五：被困在情緒裡

每個人都會產生情緒，往往快樂的情緒總是稍縱即逝，但是負面的情緒卻常常拖著不走。我記得看過女明星楊冪的採訪影片，她說自己有讓情緒翻篇的能力。當情緒來了，接納它、感受它，但絕對不會超過兩天的時間。兩天後，該做事做事，不會再去反覆咀嚼這些讓自己不開心的事。我認為在這一點上，楊冪非常有智慧，「讓情緒翻篇」的能力是現代人必備的能力之一。如果情緒來了，你深陷其中無法自拔，這就相當於別人一句話傷害了你一次，你卻抱著這些東西傷害自己無數次，白白浪費了時間和精力。

◇

以上幾個都是精力投資中常見的大坑，其實這些理解起來不難，可是因為思維和行為的慣性力量太過強大，我們依然在不經意間頻繁掉坑。我們可以做點什麼來避免呢？有段時間每天晚上復盤時，我會問自己這幾個問題：我今天精力都投資在了哪裡？有投在低價值的事情上嗎？有投資在不值得的人身上嗎？有把精力花在改變不了的事實上嗎？有為無法控制的事情浪費精力嗎？今天我被情緒困住了嗎？當你日復一日保持覺察和反思，你掉坑的頻率會越來越低。當你避免了這些錯誤，精力投資上就贏了一大步。

本章小結

精力是人生中重要的生命資產，如果想讓精力資產的投資獲得高報酬率，則需要一場精心的布局。

1. 精力的精準布局，離不開對個人精力供給以及任務精力需求的精準把握，只有知己知彼，才能高度匹配。
2. 我們透過記錄時間和精力開銷，讓精力變得可度量。
3. 精力布局需要重點關注的兩點：第一，我所有的時間投資是不是在為我的生命輪目標服務？第二，在時間投資中，我的精力的優先順序匹配是不是最優解？
4. 我們可以透過「精力波動曲線圖」來了解自己的精力狀態，在此基礎上對精力進行排兵布陣。
5. 想做到對精力的精準分配，需做到讓作息、飲食儘可能有規律。
6. 精力投資的常見誤區：低價值的事情、不值得的人、改變不了的事實、自己無法控制的事情，以及被困在情緒裡。

第 7 章

減法思維——控管你的精力出口

7.1 為什麼要做減法

隨著我們日常生活節奏加快，人們的生活日益繁重。我們要做很多工作，買很多東西，見很多人，滿足很多欲望。因此我們的精力越來越捉襟見肘。然而，每天占滿你精力的那些物品、社交、娛樂，真的是你喜歡或者想要的嗎？

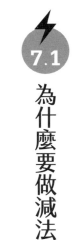

把精力花在你真正需要的地方

當我們冷靜下來，不得不承認一個事實，我們花了大量精力在追逐自己並不需要的東西。每遇上購物節，我們花大量精力去挑選網站上琳瑯滿目的物品，但常常快樂僅維持到拆快遞的那一刻，然後就消失殆盡了，家裡角落的雜物卻越積越多；我們跟風去打卡網紅美食店，但品嘗兩口卻發現還不如樓下王大媽的飯館做得好吃；我們帶著孩子奔波在各種補習班之間，但是孩子的願望卻是週末補個眠……。

我們試圖透過飲食、運動、作息等各種方式擴大自己的精力容量，但是如果不去管理自己的精力出口，那麼再多的精力也填不滿我們的缺口。

我自己並不是一個嚴格的極簡主義者，但是我卻提倡人人都應該有極簡思維。我們需要去做減法，把有限的精力用到那些我們真正需要的地方。

這個過程也是一個不斷認識自己，將生活的重心轉移到自己身上的過程。透過不斷整理和做減法，我們會更加有條理，內心更有秩序感，你會發現壓力少了，煩惱丟了，幸福感提升了。

用極簡主義對抗熵增

其實內心的秩序感是非常重要的，現代人的焦慮大多來源於生活的混亂和無法掌控。我們用物理學概念「熵」來代表一個系統失序的現象，也就是系統的混亂程度。由於系統會自發地熵增，所以我們需要後天的極簡思維來對抗不斷混亂的生活，才不至於讓混亂的事物占滿了我們的精力。

熵並不神祕，就像尺一樣，是用來量東西的。它用來衡量「無序」，就是用來衡量東西有多亂。比如同樣是細胞，健康與活力的結構是有序的，破敗而衰老的結構是無序的。而且科學家發現，一個東西放在那，不論它怎麼運動，都只會變得越來越混亂、無序，也就是說，熵只會越來越大，這就叫熵增定律。

很多人覺得極簡主義離自己非常遠，其實不是的，我們只要從整理自己的衣食住行、資訊、社交開始，去看見自己生活的精力出口，斷掉不必要的人、事、物，慢慢地整理自己的生活，看見內心所需，回收被浪費掉的精力。你會發現，當把精力花在內心真正需要的地方，人生都會變得輕盈和歡喜起來。

7.2 整理你的居住環境

日常生活中，太多人由於忙亂而忽略了自己的居住環境，不知不覺地在這裡浪費了大量的時間精力。我看學員的情緒記錄，發現有些人每天都會花很多時間去找東西，因此產生極大的負面情緒。舉個例子，你早上急著送孩子上學，但是孩子的水壺找不到了，上學遲到了，孩子哭，大人心裡也急。送完孩子自己上班也晚了十分鐘。恰好早上有個會，整個部門的人都知道你遲到了，你匆匆忙忙跟老闆做了個彙報，語無倫次得自己都很不好意思。因為一個水壺，導致了一整個早上的忙亂，你越想越不爽，精力狀態直線下降。這樣的場景熟悉嗎？其實很多時候，看似一點不經意的小事，卻能引發一系列的連鎖反應。

精力與環境

人終究是環境的產物，人和環境是彼此影響的。我記得一位整理師曾說過，人是住不進和自己的能量狀態不匹配的房子裡的。那從精力角度看，一個什麼樣的環境更有助於提升精力呢？第一，房間要保持通風，有足夠多的氧氣以及充足的日照。第二，要足夠乾淨整潔，並且讓物品都有固定的存放位置，這樣你才不至於花更多的時間去找它們。

外界環境的秩序和我們的內心秩序是相輔相成的。當外在環境越來越整潔的時候，你的內心也會慢慢建立起秩序，因為外在是內心的投射，內心受外在的影響。不知道你有沒有這樣的經歷，當你心情煩躁時看到家裡混亂，就會更加暴躁，跟別人吵架的機率都會增加。但是如果你心情煩躁，去到陳設簡潔漂亮的咖啡館，或者去戶外走走，就會感覺心情變得愉悅。其實這就是環境對我們內心的影響。

建立有序的環境

如何建立有序的環境呢？

第一，東西要足夠少

這需要你放下無限的物質欲望，減少物質的囤積和購買。在我的斷捨離課上，我會要求學員每天斷一件物品，一斷就是一年，還有不少學員連續斷了三年。學員們都反映，當物品減少、環境變好的時候，感覺披在自己身上亂如麻的東西被卸掉了，整個人變得輕鬆和爽快，大量的精力被釋放了出來。

或許有人認為扔東西很簡單，不就是把不需要的、不喜歡的東西扔掉就好了。然而問題也在這裡，什麼是「不需要的」、什麼是「不喜歡的」？你可能在扔的過程中發現，「這個東西以後可能用得到」、「這個東西買的時候很貴，扔了好可惜」類似的想法頻繁出現，於是斷上幾個月之後，就不願意繼續了。事實上，越是難以割捨，越是幫你放下執念和欲望、解放自我的時候。因為在抉擇的過程中，你可以被迫思考，哪些是必需的，哪些是沒有也可以的，在這樣的取捨和思考中，你能慢慢看見自己的一些價值觀和原則，越來越能抓住核心需求。比如以前決定一件事，你可能會在Ａ、Ｂ、Ｃ、Ｄ、Ｅ五個因素裡猶豫不決。但是經過斷物，你會越來越能放下Ｃ、Ｄ、Ｅ這些次要的需求，只關注重點Ａ和Ｂ。慢慢地，你的糾結會變少，焦慮會變少，精力內耗也隨之減少。所以在斷物品方面，不要因為感覺心疼就停止了，事實上，當你真正開始感覺到「不舒適」、「斷起來很困難」的時候，效果才開始展現。越斷到後面，你就越知道，什麼是你真正需要的，什麼是讓自己心動的。

除了斷物，重要的還要管理物品的買入。我們常常不知不覺中掉入商家的消費陷阱，因此在消費前有必要問自己幾個問題：

(1) 這個東西我真的需要嗎？

(2) 這個東西我真的喜歡嗎？

(3)它的使用場景和頻率如何?比如,你考慮買一臺豆漿機,一臺價格六百元人民幣(約臺幣三千元),使用三年,一週使用兩次,那麼三年可使用三百一十二次,不算豆子人工/電費成本,使用一次的價格接近兩元(約臺幣十元)。其實兩塊錢足夠買一杯豆漿。並且,你真的確定自己一週可以使用兩次嗎?有不少物品是新鮮一陣子就被擱置的,比如各種按摩儀器、款式奇特的衣服等。

(4)我現在有可替代的產品嗎?比如你看到一口琺瑯鍋很喜歡,但是家裡已經有煮鍋、蒸鍋、炒鍋、砂鍋,它的功能完全可以被代替,那麼這口琺瑯鍋就沒有購買的必要了。

當你開始問自己這幾個問題,並且把物品靜置在購物車七十二小時,可以減少大量的衝動消費。

第二:整理

在這一步,最重要的是為自己的物品找一個「家」,你可以根據使用頻率、使用場景等不斷去調整,為這件物品找到一個最合適的位置。關鍵的是,你要遵守自己的規則,既然為它找到了家,就要每次用完及時歸位,而不是隨手亂放。

幫精力做減法的第一步,是從整理物品和環境開始,當你為自己創建了一個好的環境空間,也就為自己創造了更多的精力空間。

7.3 為資訊做減法

現在人們面臨焦慮、煩躁、注意力不集中等各種問題，我認為重要源頭之一就是資訊過多。現在，看一下自己手機上的螢幕使用時間，你可能發現自己的時間都被各種聊天工具、娛樂App偷走了，平臺總能精準推送你感興趣的內容，讓你停不下來。還有一部分人被資訊脅迫，對資訊沒有選擇，覺得有用就趕緊收藏起來，手機我的最愛裡、圖庫裡充滿了各種自認為重要的資訊，以為以後一定用得上。然而每次真的需要的時候，要麼想不起來自己收藏過，要麼就找不到在哪兒。因此，資訊的選擇和整理非常重要。

如何進行資訊的整理呢？在我看來，資訊整理的過程分三步，分別是：進，存，出。

管理資訊的進口

我們大部分的資訊來源於手機App，比如臉書、YouTube、小紅書等，並且大多是被動推送的。我們的本能是向外抓取資訊，並把自認為有用的內容儲存下來。為了避免抓取過多低價值資訊，我會問幾個問題：

第一，這條資訊必要嗎？重要嗎？喜歡嗎？

第二，我已有的資源有可替代或者類似的嗎？

第三，它和整體是和諧統一的嗎？

第四，它為當前的目標服務嗎？

如果是物品，比如今天我想買一件大學Ｔ。我會問買它真的有必要嗎？我喜歡嗎？我發現我真的喜歡。我已有的衣服可以代替嗎？如果自己滿櫃子全是這個風格的長袖Ｔ恤，那麼我就要慎重地考慮一下了。再比如我看上了一套日式的餐具，也沒有可替代它的，可是我發現家裡全都是青花瓷，和這套日式餐具非常不和諧統一，那麼我也會慎重考慮。同樣，對於資訊也可以用這幾個問題來判斷。比如有的時候我在一些社群學習，有學員會推薦品質特別好的育兒頻道，目前手裡也沒有可替代它的資源，但是，它現在跟我的生命輪和年目標不符合，還單身的我距離育兒有點遙遠，那麼就可以果斷地刪掉了。不要小看一點點的資訊和碎片時間，你的精力就是這樣被不知不覺切割和占用的。

我們的時間精力終歸是有限的，所以能進入我們視野的資訊，都是能為我們的目標服務的。還有一些Ａｐｐ非常有誘惑力，它可以非常精準地推送你喜歡的內容。你覺得真的很喜歡，也沒有可替代的。但是它最終沒有幫你實現目標，反而經常阻礙你實現目標。如果你控制力還不錯，休閒娛樂也不是不可以，但是如果你被它們控制，每晚拿起來就放不下，影響了你的睡眠、健康甚至第二天的工作，那麼這種資訊還是不要讓它們進來。

資訊整理的第一步，就是守好門。透過以上四個問題先幫我們篩選一遍資訊，幫助我們減少了資訊輸入，同時也釋放了大腦，讓自己有更多精力聚焦在重要的事情上。

資訊的儲存

整理資訊的第二步，是「存」。

一、檔案的儲存

很多人都有過這種經歷：看到某本書或者某個影片的觀點特別好，趕緊記下來，可是當我需要的時候卻找不到。或者是電腦裡存了很多檔，每次找個文件都要翻半天。

儲存資訊的關鍵是有序。如何讓資訊有序呢？你在看書的時候，書的前面都有個目錄對不對？同理，你在儲存資訊的時候，是否忘記了這個重要工具：儲存資訊的目錄。

我們的大腦並非時時刻刻過目不忘，當我們能夠做一個分類目錄，然後按照這個目錄去整理資訊，查找就變得容易得多。長此以往你就可以做到檔案整潔有序，每次都可以迅速定位找到你需要的檔。

對於檔案歸類，我會有一個具體的分類目錄，然後以圖片的形式保存下來，等我去尋找舊檔或者儲存新檔的時候，都可以參考圖 7-1。在這裡，可以聯結我們學過的生命輪的概念，把檔案按照事業、家庭、學習、健康、財務等分類，然後各自再設立自己的子目錄。

當然，每個人的分類和規則都不同，重要的是，你要梳理出一套屬於你的規則，而不是將所有的檔案毫無章法地混在一起。

二、信件的儲存

對於很多人來講，工作信箱是不可缺少的工具，對於信件也可以做一個分類和整理，我的信件主要分為四類，分別是：

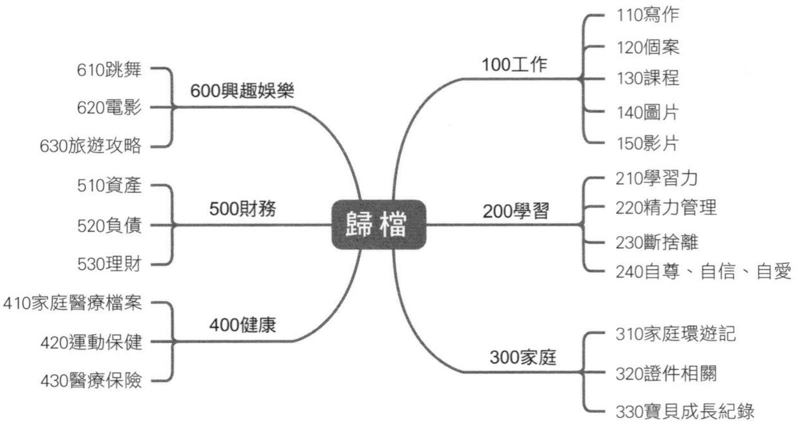

圖 7-1　檔存儲目錄

Doing——獨立完成的正在進行的工作。
Pending——合作完成的工作，需等待上下游資訊。
Done——已完成的備份資訊。這裡還可以進一步細分，比如可以按照專案或者工作內容分，也可以按照時間點來分。
Information——重要的通知類資訊。
透過這四種分類，我可以非常快速地處理郵件，避免了一些遺漏和耽擱。

三、手機App的儲存

隨著智慧化時代的來臨和智慧手機的普及，人們手機裡面的App也越來越多，我們或多或少都有過找App的時候。同理我們也可以把App進行分類，然後把這個分類方式固定下來。下面是我自己的分類，供參考：

- 學習軟體：電子書、有聲書、線上課程、字典等；
- 工作效率：剪輯軟體、修圖軟體、備忘錄、公司信箱等；
- 出行與旅遊：地圖、公車動態、叫車軟體等；
- 購物與生活：購物網站、外送平臺、社交軟體如QQ、小紅書等；

●金錢理財：各家銀行、投資帳戶、支付軟體、理財軟體等；
●實用工具：天氣、計算機、錄音機等；
●其他：電信帳單、日曆等。

常用的App放在桌面：比如電話、資訊、流覽器、通訊軟體、筆記軟體。這樣可以讓我的手機桌面乾淨整潔，一目了然，找東西的時候方便快捷。

對於手機App，非常重要的一點是要做到資訊隱藏，比如社交、娛樂或購物網站的App，可以將通知都關掉，我甚至有時候會關閉朋友圈[15]，想看誰的朋友圈自己點進去特意去看，而不是無目的地隨意滑。記得有很長一段時間，我把常用的手機App全部移除了，那段時間也是我工作和學習產出和收穫最大的時候。

管理資訊的出口

資訊整理的最後一步，是「出」。對於手機App，我一般會根據使用頻率來判斷是否斷掉。有些App三個月沒有打開過，比如一些影音軟體，就會被我移除。有時候我會根據某種目的而階段性地移除一些App。記得有段時間工作和學習壓力很大，我會不自覺地去買東西，淘寶的消費金額明顯增長，並且大多是不理智消費，既浪費時間又浪費錢。我就階段性地刪掉了淘寶App，等過了這個階段或者真正有需要的時候，再重新裝上。

對於公眾號的管理也比較簡單，判斷標準是我的打開頻率。如果打開率低於三十%（十篇推送文章裡打開篇數少於三次），我會果斷地取消關注。還有一些吃飯點餐時關注的公眾號也會定期刪除。有些公眾號斷更了，也會及時刪除。

對於手機裡的檔案、收藏、照片，我會定期清理，不重要的刪除，重要的資訊整理到電腦裡做個備份。我一般每個月的月底專門留一天時間去做這些整理。

為資訊做減法，讓我們從繁雜的資訊纏繞中走出來，給自己的身心一些新的空間。每個人都有自己的資訊整理原則，期待你根據我分享的底層邏輯梳理出屬於你的原則。

15：指微信的社群網路功能，使用者可選擇好友建立私密的交流圈，並且在這個群組中發布貼文。

7.4 為人際關係做減法

人人都需要社交。在工作團隊和合作中，我們需要人脈獲取資訊和資源，在日常生活中需要人與人之間的情感交流。可是我發現有些人太注重社交了，花費了過多的精力去跟人吃飯、聊天、送禮物，並且大多停留在交換名片、各玩各的手機或浮誇吹牛的泛泛之交中。其實，社交也需要有層次、有目標地管理，如此才能精準社交，減少精力浪費。

社交的本質是價值交換，無論是情緒能量，還是資源（也包括資訊）都是需要匹配的。只有能跟你產生價值交換的人才有可能是你的人脈。李嘉誠說過，在你還沒有足夠強大、足夠優秀的時候，先別花太多寶貴的時間去社交，參加各種各樣的聚會，應多花點時間讀書，提高專業技能，多見見你的客戶，放棄那些無用社交，提升自己，你的世界才能更大。

五類人際關係

如何管理你的人際關係呢？要給你的關係分類，我把人際關係分為五類，分別是：核心關係、朋友、想要結識的人、保持距離的人、不需要認識的人。這決定了我精力投資的優先順序，越核心的關係，我會給予更多的高精力時間。

第一類，核心關係：包括伴侶、孩子、父母、商業夥伴（重要客戶）、人生導師、密友。很明顯，他們是我精力投資的第一優先順序。

第二類，朋友：對於朋友，我會花比較多的精力，但會次於核心關係。比如，我跟朋友見面的時間大多是中午、下午和晚上，一般上午十一點以前是我最寶貴的精力時段，我會投資在我自己或者是核心關係上。

第三類，想要結識的人：每人想結識的人都會有所不同，在我這裡主要包括三種：能力智慧補給站、超級連結者、莫名想要靠近的人。誰是能力智慧補給站呢？這種人一般都特別有智慧，你跟他在一起聊天就能獲得很大的滋養，他們能看到一些你不曾看到的東西，幫你打開世界的一扇窗，幫你去增長見識。什麼是超級連結者呢？他們像一座資源庫，認識很多人，手裡有很多資源，在產生供需關係的節點，他們可以幫你進行資源整合和對接。我的性格比較內向，所以我很喜歡超級連結者，因此他們在我這裡的優先順序是比較高的，我也會更積極主動一些。第三種是莫名想靠近的人，說不出什麼理由，但就是喜歡。這些人往往能升級為我的核心關係。如果在偶然的機會中遇到了，我也會積極主動去連接。

第四類和第五類：很明顯，是不太需要花費我精力的。

我見過一些不會拒絕的人花了大量精力去社交和應酬，產生不了多少意義和價值，都只是維持在表面關係。這種情況的背後可能隱藏了一些心理因素：比如他自己很害怕被拒絕，所以不敢拒絕別人。還有一些人在關係中有太多被認同和被看見的需求，一直向外求。還有一些人，情緒管理不太好，需要定期和朋友吐槽一下。這幾種情況在人際關係中會消耗比較多的精力。

給對方需要的資源

社交本是一種資源的投入和付出。所以在社交中重要的一點是要知己知彼，了解供需關係，避免別人需要香蕉你卻給了蘋果的情況。

對於核心關係中的伴侶、孩子、父母、密友，他們需要更多的是情緒能量，所以要優先給他們提供情緒價值。之前在和媽媽的相處過程中，我就搞錯了供需關係，經常是事倍功半。我以為對我媽媽的孝順，就是看到一些好吃的、好喝的、漂亮衣服都買給她，我還經常告訴她，怎麼吃才健康，怎麼做才正確。但是我媽媽並不開心。有時候她打電話給我，我問她有事嗎？她又說不出什麼事，以前我習慣動用我工作時候的思維模式，即解決問題的模式，總想為她解決個什麼問題。後來我才意識到，我媽媽想要的是被關注、被看見，想讓我聽她說說話。後來我學著好好聽她說話，逗她開心，我媽媽就特別滿意，我們的關係也親密了很多。在跟朋友的社交關係中，我也犯過類似的錯。當時我的閨蜜跟我說，她要上班，要接送兩個孩子，還要照顧生病的婆婆。我一聽，馬上想到請我媽媽去幫忙照顧一下孩子，然而我閨蜜說什麼都不接受。後面我才想明白，原來我的閨蜜只需要我的陪伴和傾聽，她需要的是情緒價值，而不是給建議。這是我近兩年來特別深的一個感悟，我們要搞清楚對方需要的是什麼價值，而不是你理所當然以為的。

對於商業夥伴，他們需要的是資訊、人脈、金錢等資源。對於人生導師，可能需要我付費，或者做一些力所能及的事情，除此之外，最好還能給一些自己學習後的結果回饋。對於朋友，我也以提供情緒能量為主。對於保持距離的人和不需要認識的人，按自己的意願處理就好。

關係的調整

沒有人的人際關係是一成不變的，所以關係層級也會調整。也許過了一段時間，你會發現某個朋友可以升級為你的核心關係，甚至是在某個節點產生了供需關係，就變成了你的商業夥伴。還有的時候，需要保持距離的人卻在一些機緣巧合的情況下產生了共鳴升級成了你的朋友，這些都有可能。我覺得人生有一些是可以掌控的，還有一些是隨機的。你可以根據這些關係整理的框架，以及自己的認知和需求進行調整。基本上我每年都會去梳理一下，然後根據他們跟我的關係和需求進行精力的投放。

為社交做減法

其實生活中的很多人際關係是可以直接捨掉的，我會梳理出一些自己的取捨原則。領導力專家、《紐約時報》暢銷書作者亨利．克勞德（Henry Cloud）博士在其著作《他人的力量》[16]中提到，「真正的連接關係是能夠讓你成為完整的自我，最終成為真實的自我，能夠調動你的心臟、思想、靈魂和熱情。」這句話對我觸動很大，我很看重關係中彼此之間是否真誠，這個人是否可靠，彼此能否關懷、支持和滋養。如果做不到真誠這一點，我可能就會降級與他的關係。

對於生活中的一些社交，我也有自己的原則，比如對於一些商業聚會，我會問自己幾個問題：

(1) 我自己可以收穫什麼？有想要結交的人嗎？

(2) 不去會有什麼損失嗎？

(3) 這種聚會下次還有嗎？

我會根據以上三個方面去判斷我是否要參加這場聚會。

對於放鬆娛樂性的、需要情緒能量的聚會，我會問這幾個問題：

(1) 這個人是我的閨蜜，還是需要保持距離的朋友？

(2) 這個時間我還有什麼更重要、更著急的事嗎？

(3) 我要付出什麼成本，我願意付出嗎？

(4) 這個聚會好玩嗎，我有興趣嗎？

上面是我自己對一些聚會的取捨原則，其實每個人的需求和喜好都不同，你也可以梳理屬於你自己的原則。

16：《他人的力量：如何尋求受益一生的人際關係》（*The Power of the Other: The Startling Effect Other People Have on You, from the Boardroom to the Bedroom and Beyond—and What to Do About It*），〔美〕亨利・克勞德（Henry Cloud），經濟新潮社，二〇一九。

關係的維護

對於我的核心關係和重要關係，我製作了一個人際關係管理表格（見表 7-1），記錄著這些人的重要資訊。我不再需要用大腦去刻意記憶，既方便關係的維護，又節省了精力。

對於人際關係我們也可以精準分類，根據重要程度來決定投放多少精力、提供什麼價值。如此，你給了真正重要的人足夠的關注，也減少了非必要社交的精力浪費。期待你梳理出自己的五類人際關係名單，他們需要多少精力投入，以及提供什麼價值？

姓名 & ID	通訊地址	分類	認識管道	興趣愛好 / 需求	生日（農曆，西曆）	可提供的資源	備註

表 7-1　人際關係管理表

本章小結

管理精力不僅要提升精力容量，更要管理精力出口，然而我們花了大量精力在追逐自己並不需要的東西上。這一章，我們透過為自己的環境、資訊、人際關係做減法，減少無意義的精力投放，把有限的精力放到那些我們真正需要的地方。

1. 做減法的過程，也是一個認識自己並把生活重心轉移到自己身上的過程，透過整理和做減法，我們的內心會更有秩序感，壓力變少，幸福感提升。
2. 我們需要後天的極簡思維來對抗不斷變混亂的生活，才不至於讓混亂的事物消耗我們的精力。
3. 一個有利於精力的環境：第一，保持通風，有足夠多的氧氣以及充足的日照。第二，足夠乾淨整潔，並且讓物品都有固定的存放位置。
4. 外界環境的秩序和我們的內心秩序是相輔相成的。當外界環境越來越整潔的時候，你的內心也會慢慢建立起秩序。
5. 建立有序環境的第一步是先放下無限的物質欲望，減少物質的囤積和購買。

6. 在消費前問自己幾個問題，以減少衝動消費：

(1) 這個東西我真的需要嗎？

(2) 這個東西我真的喜歡嗎？

(3) 它的使用場景和頻率如何？

(4) 我現在有可替代的產品嗎？

7. 整理物品的關鍵，在於為自己的物品找一個「家」，每次用完要及時歸位。

8. 為了避免獲取過多低價值資訊，可以問自己幾個問題：

(1) 這條資訊必要嗎？重要嗎？喜歡嗎？

(2) 我已有的資源有可替代或者類似的嗎？

(3) 它和整體是和諧統一的嗎？

(4) 它為當前的目標服務嗎？

9. 給自己的儲存資訊做個目錄，並根據目錄存放資訊，如此就可以迅速定位找到你需要的檔案。

10. 郵件可根據 Doing、Pending、Done、Information 進行分類和儲存。

11. 對於手機App進行管理，最重要的一點是做到隱藏資訊，把通知關掉。

12. 我們可以根據使用頻率移除App、取消關注某些帳號。對於手機裡的檔案、收藏、照片要定期清理。

13. 社交也需要進行有層次、有目標的管理，才能精準社交，減少精力消耗。

14. 根據重要程度可將人際關係分為五類：核心關係、朋友，想要結識的人、保持距離的人、不需要認識的人。這決定了我們精力投資的優先順序。

15. 在社交中我們要知己知彼，了解供需關係。對於核心關係中的伴侶、孩子、父母、密友，他們大多需要情緒價值，商業夥伴多需要資訊、人脈、金錢等資源價值，朋友也以情緒價值為主。

16. 為你的社交梳理原則，減少不必要的社交。對於一些商業聚會，我的原則：

(1) 我自己可以收穫什麼？有想要結交的人嗎？

(2) 不去會有什麼損失嗎？

(3) 下次還有嗎？

對於放鬆娛樂性的、需要情緒能量的聚會，我的原則：

(1) 這個人是我的閨蜜，還是需要保持距離的朋友？
(2) 這個時間我還有什麼更重要、更著急的事嗎？
(3) 我要付出什麼成本，我願意付出嗎？
(4) 這個聚會好玩嗎，我有興趣嗎？

17. 建議製作一個人脈關係表格，方便維護關係並且節省精力。

第 8 章

習慣養成——
用習慣形成「行為」的自動化

8.1 審視習慣

在《為什麼我們這樣生活，那樣工作？》[17]中作者提到：「我們每天做的大部分選擇可能會讓人覺得是深思熟慮決策的結果，其實並非如此。人每天的活動中，有超過四十％是習慣的產物，而不是自己主動做出的決定。習慣是我們刻意或深思後而做出的選擇，即使過了一段時間不再思考卻仍繼續、往往每天都在做的行為。這是我們神經系統的自然反應。習慣成形後，我們的大腦進入省力模式，不再全心全意地參與決策過程，所以除非你刻意對抗某個習慣，或是意識到其他新習慣的存在，否則該行為模式會自然而然地啟動。」也正因為如此，習慣在精力管理中尤其重要，無論是飲食、運動、睡眠、呼吸、做計畫、設目標，這些都需要一個個好習慣做基石。沒有養成習慣，靠自律和意志力是難以維繫長期正確的行為的，而一旦擁有了好習慣，我們可以不費力地延續好行為，讓效果事半功倍。

然而，我們在過往的歲月裡已經不知不覺形成了太多的習慣，它們變成了我們的「一鍵導航模式」，引領我們走向某個地方。可是這些模式真的是我們想要的嗎？那個地方真的是我們理想的目的地嗎？從精力管理的角度，這些習慣可以幫我們提升精力水準、減少精力損耗嗎？這些都有待考察。所以，想要用習慣來成就我們，第一件事就是審視你的習慣。

發現你的習慣

我會透過長時間地記錄時間日誌，列出我的一些重複性行為，比如：

早上起床先喝一杯溫水；

起床七小時後午休一下（如果超過下午三點就不睡了）；

每天冥想或者靜坐三十分鐘；

週日晚上下課熬夜看小說或者叫外送（不是真的身體上的餓，只是頭腦上饞）；

從健身房出來喝奶茶。

或許你沒辦法一下子列出來很多習慣，這是一個需要給自己時間慢慢發現的過程。經過一段時間的記錄，你會逐步看到自己的很多習慣。比如，我在復盤時間日誌的時候發現，有幾天早上忙著回訊息，沒能完成我的寫作任務，原因是我忘記退出通訊軟體，一看到有人來

17：《為什麼我們這樣生活，那樣工作？》（*The Power of Habit: Why We Do What We Do in Life and Business*），〔美〕查爾斯·杜希格（Charles Duhigg），大塊文化，二〇一二。

訊，注意力就被牽著走了，然後不知不覺被淹沒在資訊裡。後來我刻意改了這個習慣，在沒有完成最重要的任務之前，不處理任何資訊，尤其注意手機不要放在辦公桌上，以及檢查電腦是否有登出。

我還有一些習慣是透過記帳發現的。原來在澳洲的時候，我發現自己二月、六月、十月的開銷都非常驚人。仔細一看，錢都去了日本代購、法國代購那裡。分析後發現，原來這三個月是我的考試月，壓力一大就容易滑手機，人在極其疲憊的時候是沒有太多理性的，於是我就衝動地買買買。

有些習慣不是我自己發現，而是別人幫我發現的。有學員跟我說，自己晚上躺在床上就會一直滑手機，一滑就停不下來。而我的習慣是手機不帶進臥室，晚上睡覺之前我都會把手機留在客廳，也就不存在躺床上滑手機停不下來的習慣。我還發現，我吃飯永遠比別人慢，這個也是和朋友相處的時候發現的。因為我細嚼慢嚥，很少有吃撐的時候。說來慚愧，小時候我們家在客廳吃飯，正好可以看電視。平時我是不被允許看電視的，於是這個時候就故意慢慢吃，拉長戰線，這樣就可以多看會兒電視劇了。長此以往，吃飯細嚼慢嚥的習慣就這麼養成了。

基本上，我發現自己的習慣的方式主要有上面兩種，一是研究自己，透過對自己的時間、金錢記錄和觀察自己的行為來審視習慣。二是透過比較和別人的不同，來發現自己的習慣。當別人好奇地問我，Luna 妳為啥 ××× ？基本就代表我和別人有不一樣的地方。這樣你就可以慢慢梳理出來自己的習慣。

審視習慣是否需要保留

發現習慣之後，我們要去審視是要繼續保留它還是有必要去修正它？我會問自己三個問題：

(1) 它為我的長期目標服務嗎？

(2) 它在當下還適用嗎？

(3) 它有助於我提升精力水準或者提升精力使用效率嗎？

舉個例子，我有定期斷捨離的習慣，也就是每月會拿出一兩天時間把身邊不需要的東西處理掉。這個習慣為我的長期目標服務嗎？有助於我的精力提升或者精力使用效率嗎？答案都是肯定的。把不需要的東西及時清理掉，可以讓我的周邊環境變好，有助於我的身心健康，也有利於精力的回收。那麼它在當下還適用嗎？不適用。因為最近我跟爸媽一起住，他們一輩子節儉慣了，看我把還很新的東西拿出去，血壓都升高了，一邊教訓我一邊把東西撿回來。我白花了力氣還惹爸媽不高興，乾脆暫時放下這個習慣。

你可以透過表8-1來依次審視你的習慣。

心理學之父威廉·詹姆斯（William James）說道：「我們的一生，不過是習慣的綜合。」英國作家、詩人奧斯卡·王爾德（Oscar Wilde）說：「最初是我們養成習慣，後來是習慣造就我們。」所以，去審視你的習慣吧，讓好習慣留下來塑造你美好的人生。

類型	內容	它為我的長期目標服務的嗎？	它在當下還適用嗎？	它有助於我提升精力水準或者提升精力使用效率嗎？	保留還是修正？
工作習慣	例：早上到辦公室先滑一會手機	否	否	否	修正
生活習慣	例：醒來喝一杯水	是	是	是	保留

表 8-1　習慣檢視表

8.2 廢棄習慣

習慣是人們長時間養成的生活方式和行為方式，它決定了我們做事的基本方法，優秀的人都有一連串的好習慣，無論是健康、工作，還是交友和生活。而壞習慣則成為你「成事」的絆腳石，就如莎士比亞（William Shakespeare）所說：「不良的習慣會隨時阻礙你走向成名、獲利和享樂的路上。」當我們察覺到自己的壞習慣，就要去廢棄壞習慣。但是我們不得不承認，習慣是非常「牢固」的，廢棄它們需要一些策略和方法。

在上一節審視習慣部分，我們梳理了自己的日常習慣，這裡要挑選出來你想廢棄的習慣。比如我想要廢棄的習慣：

【習慣1】週日晚上下課後熬夜看小說，或者「心理餓」想叫外送（不利於健康，不想要）。

【習慣2】從健身房出來回家的路上喝奶茶（不利於健康，不想要）。

【習慣3】偶爾電腦沒有退出通訊軟體的時候會一心多用，做不到專注（不節約精力，不想要）。

【習慣4】早上起床看了手機開始處理工作，沒有先完成三隻青蛙[18]（沒有把最重要的事按計畫放在最好的精力時段，不想要）。

福格行為模型（Fogg Behavior Model）

如何去廢棄這些習慣呢？我們首先看一下人類的行為模型，其中讓我受益最大的就是福格行為模型，它以史丹佛大學行為設計實驗室主任福格博士（B. J. Fogg）命名。福格行為模型認為，一種行為得以發生，首先要有進行此行為的動機和操作此行為的能力。如果有充足的動機和能力來施行既定行為，它們就會在被誘導/觸發時進行。

福格說人的行為由動機、能力和觸發條件這三要素組成，三個要素同時都滿足時行為才會發生，用一個等式來簡化就是B=MAT，其中B是Behavior 行為，M是Motivation 動機，A是Ability 能力，T是Triggers 觸發。習慣就是多次重複調用的行為，對照這個模型，我們讓行為難以發生，久而久之，習慣就被廢棄了。

下面對照著福格行為模型來逐個看我想要廢棄的習慣。

【習慣1】一般連續三週工作沒休息，等週日晚上我給學員上完課，就忍不住去熬夜看小說或者想叫外送。我之所以這個時候熬夜看小說或者想吃東西，是因為這個時候我很疲憊，我想透過看手機和自己待一會兒，這是一種對外界無聲的對抗。

同時，疲憊時內心缺乏能量，就想吃東西補充能量，其實這不是我的身體需要能量，而是我的心理需要能量。所以，在這個行為習慣裡面，「想獨處和補充內心能量」就是我的動機。針對這個動機，看小說和叫外送都是非常容易的，即能力門檻極低。事實上，你去分析自己大部分要廢棄的習慣，都是不需要調用任何能力的。而「疲憊，內心缺乏能量」就是觸發器。

分析完了動機、能力和觸發器，我怎麼調整才能廢棄這個習慣呢？我主要是避免觸發器和動機的產生。所以我如果已經連續工作了三週，我會在第二十天（即週六）時休息。週六休息一整天後，我週日晚上講課時沒有了那種疲憊感，這種行為也就不會發生了。

【習慣2】我之所以每次健身後都想喝奶茶，是因為這個私教訓練強度大，每次健身之後我都被「虐」到筋疲力盡。當我的意志力、精力不足時，就本能地想要吃點糖補充能量，對高熱量的東西完全沒有抵抗力，而奶茶店剛好就在我回家的必經之路上。

這種行為的動機跟上一個習慣是類似的，也是因為健身後很疲憊想補充內心能量。那觸發器是什麼呢？是我回家的時候剛好路過這家奶茶店，如果我看不到奶茶店，其實也想不起

18：青蛙意指最重要、最富挑戰性的工作。

來要買。於是，我就對「觸發器」做了調整，即更換了路線。以前之所以選擇走這條路，是因為健身完正好去這裡的華人區買菜，又因為擔心蔬菜在後車廂裡壞掉，所以刻意等健完身再買。後來我改成在健身之前去買菜，怕菜爛掉就在後車廂準備了一個小冰箱。當我不再路過奶茶店，這個習慣就被廢棄了。

【習慣3】偶爾忘記把電腦上的通訊軟體退出來，導致我工作時很容易分心。對於這個問題很簡單，只要把觸發器去掉就好了，也就是把通訊軟體（微信）退出來。但我有時候的確需要用微信做些截圖類的工作，後來改成了電腦自帶快捷鍵截圖。為了提醒自己不要忘記，我還在電腦旁邊貼了個小紙條，上面寫著：專注工作時退出微信。

【習慣4】其實早上看手機這件事是頻發的，因為在我早上的動線裡，我都要拿出手機看時間，然後不自覺地就看見微信的未讀訊息。所以觸發器是手機的通訊軟體。後來我又添了一部手機，這樣我擁有兩部手機，其中一部手機有讀書聽書的Ａｐｐ，但是沒有微信、工作信箱等，這部手機是可以帶進臥室的。另一部有裝通訊軟體的手機，早上沒做完重要的青蛙事件，我不會輕易看它。觸發器沒了，這個習慣也就改了。

以上是我廢棄習慣的流程拆解。整體思路是，我能不能把動機去掉？我能不能把觸發器避免？還有我能不能在觸發之前給自己一個提醒，比如在行為頻發的場景貼個小紙條？這是廢棄習慣的一個大的底層邏輯。

引發一個行為有三個重要因素，分別是動機、觸發器和能力。我們從避開動機、避開觸發器以及改變能力等方面做起，就可以很好地廢棄壞習慣。你有什麼要廢棄的習慣呢？建議列個表並按照福格行為模型拆解出你的策略。

8.3 設計習慣

我們在不斷地優化固有習慣的基礎上，也會發現和培養新的好習慣。我平時會不斷地學習、觀察去蒐集一些好的習慣，把它們遷移到我的身上。我知道習慣造就人生，所以我不會隨便把一個習慣套在自己身上，我會經過篩選，放在自己的習慣庫裡，然後有計畫、有節奏地去培養。

構建你的習慣庫

我的習慣一定是服務於我的生命輪的，這些年我深耕的生命輪是事業、健康和自我成長，所以也主要集中在這幾個方面「種」習慣：工作習慣、健康習慣和自我成長的習慣。從今年開始，我慢慢意識到社交的重要性，又逐步開始培養社交習慣。

我這些年培養的工作習慣有：積極主動、可靠、認真仔細、總結範本、理性、盡百分百的努力、共贏、以終為始、要事第一、不斷更新。

健康習慣：固定作息（冬天早睡晚起—冬眠）、午睡、運動、八十％健康飲食、七分飽、細嚼慢嚥、泡腳。

自我成長習慣：閱讀、追隨名師、知行合一、輸出、復盤、克制、先完成最難的那隻青蛙、高執行力。

社交：積極主動、誠信誠心、忘我聆聽。

財富投資習慣：記帳、定期存款。

修身品質類：善良、真誠、尊重他人和自己（包括小孩子）、不貳過、謙卑、樂觀、靜坐。忌：好為人師、自以為是、對人進行主觀判斷、嚴以待人寬以律己等。

建議每個人都按照這個範本來復盤一下，你會發現一件有意思的事：你哪個生命輪有結果，一般這個輪裡面沉澱的好習慣會比較多。當然不僅僅是數量，還跟習慣的類型也有關係。假如我是一個銷售人員，那我現在的工作應該沒有多大的成績，因為社交是銷售的關鍵能力之一，而我的社交習慣非常少。

平時我會有意識地觀察別人的言行，看到別人有好的習慣，就在本子上羅列下來，然後經過篩選放在自己要養成的習慣列表上。慢慢地，我有了一個屬於自己的習慣庫。我習慣庫裡的習慣，除了來源於我對周圍優秀人的觀察，還有一些是透過讀書收集到的。比如說我和高鴻鵬老師學習，我發現老師的範本思維特別強大，高老師工作和生活都有範本，甚至連做飯都有範本。所以我打算好好地培養範本思維。最近實體學習中認識了兩個老師也給了我很大的啟發。一個是聲音教練陳子涵老師，她在待人接物的方面特別溫暖，尤其是吃飯的時候很會照顧別人的喜好，端茶倒水的小細節很溫暖，而且對任何人都一樣。另一個是個人品牌商業顧問特立獨行的豬先生，他在看到自己的學員直播的時候，會在群裡轉發並鼓勵大家互幫互助，還會送禮物打賞。他們的行為習慣，給社交弱勢的我很大啟發。社交中的積極主動也成為我要培養的重要習慣。總之，我會透過學習、社交、觀察別人等各種方式，去不斷充實自己的習慣資料庫。

構建你的精力管理習慣庫

其實這本書讀到這裡，你就可以構建自己的精力管理習慣庫了，比如在運動、飲食、睡眠、精力布局等方面，有意識地去拆解成小習慣並培養，表 8-2 是我的小助理學習精力管理後給自己構建的習慣庫，供大家參考。

分類	習慣	培養狀態
飲食及飲水	細嚼慢嚥	已養成
	7 分飽	養成中
	蔬菜占比達到 1/2	已養成
	上午、下午各加一次零食（水果、堅果、優酪乳）	已養成
	早上醒來先喝一杯溫水	已養成
	一天至少喝 2 升白開水	已養成
運動	每週做瑜伽一次，形體訓練兩次	已養成
	工作間隙小幅運動，轉舌頭、轉手臂	已養成
呼吸	午休後 1:4:2 呼吸一組	明年
	晚上睡前 4-7-8 呼吸一組	養成中
睡眠	睡前 30 分鐘不看手機	養成中
	晚上睡前程式：關手機 - 洗漱 - 泡腳 - 關燈 - 透過感恩提升情緒能量 - 呼吸	養成中
	中午小憩 20 分鐘左右	已養成
專注度	高精力值工作設番茄鐘	已養成
	早上冥想 30 分鐘	已養成
情緒	晚上感恩日記	已養成
	情緒覺察日記	已養成
	主動安排一件令自己快樂的小事	明年
動力布局	提前一晚做好第二天的計畫	已養成
	早上先完成最重要的一隻青蛙	已養成
	每晚復盤精力投資狀況	已養成
做減法	每日斷一件物品或者部分資訊	已養成

表 8-2　精力管理習慣庫

設計你的三層習慣

每年年末，我會根據自己明年的重點生命輪，再結合自己的習慣庫，挑選出三個習慣來重點培養，有的是全新的習慣，有的則是一些舊有的習慣再做提升。比如說我以前知道「改變自己的語言體系」的重要性，平時也有些注意，但沒有特別重視。透過今年的學習，我進一步認識到調整語言的重要性。

舉個例子，當你要買一件昂貴的東西時，你會說「這個東西太貴了」還是「我買得起」？我們的語言系統就是思想和潛意識的出口，而且我們在說話的同時，也是在給自己不斷地催眠。所以我明年開始會重點監測自己說話的方式（語言系統），期待從六十分提升到八十分。

我將習慣分為三層，分別是行為習慣、思維習慣和品質習慣。二〇二二年我的重點生命輪是工作和親密關係，根據這兩個生命輪，我要培養的修身習慣是樂觀（品質習慣）、工作社交方面的積極主動（思維習慣），親密關係上是忘我聆聽（行為習慣）。我會花一年的時間，去養成和鞏固這三個習慣。通常情況下每層習慣我每年只培養一個，等我把這些習慣鞏固好再開始下一個。俗話說「貪多嚼不爛」，對於習慣亦是如此，尤其是思維習慣和品質習慣的養成需要花費更多精力。

當我們每年周而復始地更新反覆運算自己的習慣，這代表著你的認知、思維和行為的升級，也代表著你將反覆運算成一個更高版本的自己。

8.4 培養習慣

設計好了習慣，下一步就是把一個好習慣複製黏貼在自己身上。廢棄習慣不易，養成好習慣也不簡單，這一節我們來講如何培養一個好習慣。

如何培養一個好習慣？

我因為在澳洲住了好幾年，已經習慣了左側開車，並且澳洲跟國內的交通規則是相反的。剛回國那陣，有好幾次叫車的時候，直接把駕駛員的座位打開了，搞得司機一臉震驚。我想在國內開車，但是發現慣性思維太深了，交通規則、駕駛習慣等，一時很難改過來。

所以，我做的第一件事是先把舊習慣廢棄了。首先我不去坐駕駛或者副駕駛的位置，只坐在後排。因為當我坐在副駕的時候，就是我之前駕駛員的位置，我會自動去看車和紅綠燈，也許是因為我出過車禍，對於別人開車沒那麼高的安全感，所以大腦不受控地停不下來。這樣下去的話，我的腦神經迴路沒辦法改變，所以我放棄了坐前面的位置，先把這個腦迴路斷掉。半年之後，我慢慢習慣了右轉不等紅綠燈，過馬路注意行人等，打算重新在國內練一練車。

我在澳洲和美國都開了七八年的車了，覺得練一練不成問題，就找了自己的家人陪練，然而這個體驗並不是很好。因為家人不是教練，並且他對生命安全非常謹慎，當你做的跟他想的不一樣的時候，他會本能地去指責你，在這個過程中，你就會覺得很失敗和焦慮。當你被指責的時候，你的注意力就會被負面情緒所稀釋，我是一名教練，能很快識別這個模式。

當我意識到請家人當教練不是個好辦法時，趕緊去找了專業陪練。很幸運的是，這個教練非常專業，知道怎麼幫我一步步拆解，也知道如何鼓勵和支持我。他了解過我的狀態之後幫我拆成了三次課程。第一次是在我家附近一直開，建立手感。第二次，他看我手感不錯，就直接去高架橋上開，帶我練習變道和預判。第三次，開始教我打方向盤。有了這三次的練習，我慢慢建立了開車的自信，我敢上路了，之後帶家人出門的時候家人也沒有那麼多指指點點。慢慢地，我養成了右側開車的習慣。

在這個過程中，我認為我做得很智慧的一點是，我先給舊習慣畫了個句號。舊習慣和新習慣之間很多時候是衝突的，從舊習慣走到新習慣要面臨巨大的鴻溝，所以我先把原來的習慣廢棄掉。另一個智慧的點在於我找了專業教練。我們自己很難給自己搭建合適的小臺階，透過借力找別人搭建小臺階，並且提供自己及時回饋要容易得多，一定不要一開始就給自己一個困難模式。總結一下，在建立新習慣的過程中，很重要的幾個方面：第一，先廢棄舊習慣。第二，有合適的環境，國內的環境是天然的訓練場，如果在國外練車，必然會事倍功半。第三，拆解任務，搭建小臺階。第四，得到正向回饋。第五，外力監督。第三、第四和第五點都是透過借力教練達到的，關於第五點的外力監督，在這裡看似不明顯，主要是因為我自己學習的動力足夠強，但對於一些阻力相對大、自身驅動力又不足的習慣培養，比如培養運動習慣，這一點尤為重要。這五點在培養很多習慣的時候都是可以複製的，不一定培養每個習慣都要運用這五點，一般用上兩三點就可以達到事半功倍的效果。接下來我會以自己今年要培養的三個習慣為例，進一步拆解如何養成一個好習慣。

樂觀心態的培養

我今年要培養的品質習慣是樂觀。記得有句話說，「悲觀的人容易正確，樂觀的人容易成功」。我理解的樂觀就是看到事情的「對你有用的、有優勢的」一面。但是我並不是那種天生就能看到積極面的人，我是怎麼改的呢？廢棄舊習慣，即停止抱怨。我發現我所有的「不樂觀」都化成了抱怨，也許我不會真的說出來，但是我的內心會有一個抱怨的聲音。每當這個聲音出來的時候，我就給自己按一個暫停鍵，然後去思考這個抱怨的對立面。比如，這幾天我本來想出來玩一下，結果新冠疫情把我困住了，沒能回去北京。剛開始我有點煩躁，然後我轉念一想，這個城市很清淨，沒有了外界的干擾，也不認識幾個人，正是安靜寫作的好時機。再比如，我家最近在裝修，我父母那一輩人很節儉，他們對價格卡得特別嚴，甚至為了節約很多東西都要自己採購。我本能地覺得麻煩，但我很快察覺到了積極的一面，這可以幫我節省不少錢，也不失為一件樂事兒啊！

人的大腦天生就是負向思考的，這確實也是很多人的通病。為了更好地培養我的樂觀心態，我還給自己下了一劑猛藥：每天書寫感恩日記。在前面我們提過感恩日記的作用和書寫方法（參見P.113），這裡不再贅述。

以上就是我培養自己樂觀心態的方法：首先，有意識地終結自己抱怨，給舊習慣按個暫停鍵；其次，我給自己拆解了兩個小步驟，一個是每天覺察和反思當天的事情，訓練自己的樂觀思維，另一個是寫感恩日記，去過濾我大腦中積極正向樂觀的一面。其實培養樂觀心態這件事是在對抗我們的本能，本身是有一些難度的，我並沒有給自己定一個宏偉的計畫或者是可以量化的目標，而是僅僅設置了很容易執行的小臺階堅持每天去做。剛開始的時候我會忘記，於是我在我的 Luna Calendar（時間管理本）上加了一項：我的樂觀，提醒我去反思和覺察。這裡還隱藏了一個小技巧，我有每天在 Luna Calendar 上寫計畫、復盤的習慣，這個習慣堅不可破，被我稱為基石習慣。我把新培養的習慣疊加在這個習慣之上，相當於把這個習慣放在了一個必然發生的場景中，幫助這個習慣更好地落地。

社交中的積極主動習慣的培養

我的性格比較內向，積極主動地社交對我的性格而言不是舒適的事，我的本能是被動社交。但這件事對能力的要求並不高，我只要做到去反本能，去行動。首先對於環境，我給自己報名了課程，大家在這個課程上都去積極社交，所以我也很容易被影響。其次，我對主動社交進行了拆解，變成具體可實踐的一個個小的行動。

首先是每月至少去實際見一個人。然後在我自己上課學習的社群中，去積極主動地接觸三個人，分別是工作人員，一個優質學員，一個我可以幫助的同學。具體方法是給予別人「看見」，若有從別人那裡學到好的點，就給予對方積極正向的回饋。還有去看別人的作業，按讚、留言，甚至私信回饋。

在工作中今年要做個人品牌，需要直播連線，所以每個月至少積極主動邀請一個做個人品牌的朋友連線。這個就是在積極主動方面的習慣養成，因為這個對能力的要求不是很高，所以我培養習慣的過程，就是直接給自己定目標，把它變成一個可量化的、可執行的目標，直接放在我的生活和工作中。定目標、場景化，慢慢地就習慣了。這個阻力雖然沒有那麼大，但也不在我的性格舒適區內，所以我一般第一年都只給自己定一個小目標，養成一個六十分的習慣。過幾年我再把這個習慣精進成八十分的習慣。

行為習慣的培養

對家人全然聆聽習慣的培養，拆解成最簡單的動作，就是我媽媽說話的時候只聽不插嘴。其實一開始這對我並不容易，每當聽我媽媽東家長西家短的嘮叨，再加上工作後比較疲憊，我會忍不住想去打斷。對此，我給自己拆解了一個小步驟是，媽媽說話的時候，我咬住嘴唇堅決不張嘴，後來慢慢就習慣了。

還有一些同學需要培養運動、細嚼慢嚥等行為層的習慣。這類習慣我會怎麼設置呢？首先我推崇《驚人習慣力》[19]這本書，也就是設置一個特別小的目標，讓自己先動起來。然後我會比別人多做一步，看能不能把這個新培養的習慣和一個舊的習慣連在一起，這樣我能確保這個習慣不被忘記。成年人是不需要被教育的，只需要被提醒。我會在場景裡面增加提

19：《驚人習慣力：做一下就好！微不足道的小習慣創造大奇蹟》（*Mini Habits: Smaller Habits, Bigger Results*），〔美〕史蒂芬·蓋斯（Stephen Guise），三采，二〇一五。

醒，一般就是用小紙條，我家滿屋子都是小紙條，最瘋狂的時候連我的衣服口袋裡都是小紙條。比如說我想培養細嚼慢嚥的習慣，我會思考我在哪裡細嚼慢嚥呢？肯定是在有吃的的地方，那麼餐桌上，冰箱上，還有零食櫃子上，都會有提醒我細嚼慢嚥的小紙條，這樣我就不會自動進入我本來的習慣模式了。

我先塑造一個可以提醒自己大腦的環境，先讓大腦記得，然後才是大腦指揮身體的過程。透過這種方式，有些人就可以慢慢養成習慣了。但是有一些人還不行，因為他的大腦指揮不動身體，尤其是反本能的，比如運動。這個時候我還會給自己的習慣上一個保險，也是塑造環境。我可能會約一個小夥伴一起去運動，或者是我進一個社群來約束我自己，或者在這個社群裡面擔任班長或者小組長來監督自己。這樣我就把自己放在了一個不得不動起來的環境，尤其是有的社群是小組評比制度，如果你偷懶會影響整個團隊的榮譽。這就是對內提醒大腦，對外監督身體。

以上是我的習慣培養的案例拆解，有對抗思維本能的，有對抗性格本能的，有對抗身體本能的，我透過主動和被動的方式，終結舊習慣，塑造環境，拆解小步驟，得到正向回饋、外界監督等各種方式來幫助自己養成習慣。那麼，你有什麼要養成的習慣呢？試著給自己列個計畫吧！

本章小結

人每天的活動中有超過四十%是習慣的產物，好習慣是精力管理的「省力訣竅」。在這一章中，我們講述了審視現有習慣、廢除舊習慣，設計以及培養新習慣的整個流程。

1. 如何發現自己的習慣？透過記錄時間、金錢以及察覺行為等了解自己習慣；透過比較和別人的不同發現自己的習慣。
2. 這個習慣為我的長期目標服務嗎？它在當下還適用嗎？它有助於我提升精力水準或者提升精力使用效率嗎？透過這些問題來審視自己的習慣是否需要修正。
3. 人的行為由動機、能力和觸發條件三要素組成，三個要素同時都具備時，行為才會發生。
4. 廢棄習慣的整體思路：我能不能把動機去掉？我能不能把觸發器避免？我能不能在觸發之前給自己一個提醒？
5. 習慣造就人生，我不會隨便把一個習慣套在自己身上，而是好好篩選，放在自己的習慣庫裡，有計畫、有節奏地去培養。

6. 每年我會根據自己的生命輪，挑選三個習慣來培養。我將習慣分為三種，分別是行為習慣、思維習慣和品質習慣。

7. 把新習慣疊加在舊習慣上，更有助於新習慣的落地。

8. 我們可以透過「終結舊習慣、塑造環境、拆解小步驟，得到正向回饋、外界監督」等各種方式來幫助自己養成新習慣。

第 9 章

建立範本——

用範本形成「思維」的自動化

9.1 建立範本，抄自己的作業

畢業後剛工作時，我把很多工作中的操作流程做成了一個表格，把每一個細節都放在上面，防止自己忘記那些不常用的內容。一個偶然的機會，我把自己的表格發給新人看，我發現她們很容易上手，不會像之前一樣教了一遍會忘記，然後反覆來問我。現在看來，我從那個時候就有了自己的工作範本，有針對關鍵內容的思考和全流程拆解圖，有為了節約時間的郵件範本，有開會的會議記錄範本等。

二〇一七年，我看了一本書叫《為什麼菁英都是清單控》[20]，作者寶拉．里佐（Paula Rizzo）說：「把想法統統下載到清單上，你就能騰出思考力來做決定，並專注在重要的事上，這樣你才不會因為細枝末節或者臨時冒出的其實根本無關大局的小事分心。」這個時候，我開始有意識地建立一些清單（也算是範本的一種），比如說在飲食、運動等方面。

讓我對範本有更多的認識源於二〇一九年跟高鴻鵬老師學習。當時老師說了一句話，「其實管理就是清單」。雖然那個時候還沒能完完全全地理解，但當時我想，身邊這麼厲害的人都重視清單和範本，我也要把它放在更重要的位置上，於是開始去建立更多生活中的範本。結果真的像寶拉·里佐所說，很多事情能夠自動完成，讓你的日子越過越愜意。舉個例子，我家的貓對很多東西都過敏，只能吃特定的貓糧，而這種貓糧必須要去特定的網路管道買，在別的地方很難買到。有的時候會出現飼料吃完而我又忘記買的情況，貓半夜三更餓得喵喵叫，吵得我也一宿睡不著。後來我開始記錄我家貓乾糧每月的消耗量，在網站上設置每十二週自動下單一次，再也沒出現斷供的情況。

利用範本節省精力

範本不僅給生活帶來了便利，我發現它還有更重要的作用。有一天下午我連續接了兩個個案諮詢，非常疲憊，晚上跟朋友下五子棋的時候我輸了。我知道我精力狀態好的時候贏的機率還是比較大的。後面我思考了一下，不對呀，對方也是忙碌地工作了一天，晚上還喝了一點兒酒，精力狀態不會比我好，為什麼他能贏呢？透過溝通我發現，他的大腦裡面是有很多範本的，比如牛陣、閃電陣這些五子棋的範本。他在精力值比較低的情況下，調用範本，

20：《為什麼菁英都是清單控：紓解焦慮，提升效率，輕鬆管理工作、家庭》（*Listful Thinking: Using Lists to Be More Productive, Successful and Less Stressed*），〔美〕寶拉·里佐（Paula Rizzo），三采，二〇一五。

而不是調用大腦的精力能量來跟我下棋，我自然就輸了。這時候我意識到，範本可以讓我們對一些事情的精力需求下降，即有些事情即使在精力值不高的時候，你借助範本也可以有個不錯的發揮。當你精力狀態好的時候，還可以去調整、創造、優化你的範本。因此範本對於精力管理太重要了，首先它降低了事情對精力的需求，保證我在低精力水準下也有一個穩定的結果。最重要的是，我可以把我最好的精力用來提升和改進這些範本。長此以往，我的結果自然會越來越好。

有了這個認知後，我去看了一下自己的範本資料庫。果真，範本越多的生命輪結果越好，滿意度越高。比如工作、學習、健康這些我重視的生命輪，範本多，結果也好。而生活方面，範本少，就經常犯一些錯誤，比如做飯燒壞了好幾口鍋，或者洗衣服染了一桶衣服。洗衣服這種小事，就經常出現小問題。比如有時候晚上洗完衣服直接睡著了，第二天早上起來又繼續工作，等我想起來晾衣服的時候，它們已經被遺忘在洗衣機裡很久了，不得不再洗一遍。還有的時候，臨出門前發現衣服沒洗完，等回來後又忘到了九霄雲外。還有一次忘了放防染色片，一條紅裙子毀了一桶衣服，好幾件特別喜歡的衣服不得不忍痛扔掉。後來我總結出了洗衣服流程的範本：

(1) 每週三中午十二點和週日下午六點半洗衣服。因為我週三中午固定有會議或者個案諮詢，必定在家。而週日晚上七點有課，也保證在家。每次會議結束或者課程結束我就起身去晾衣服，順便活動活動筋骨。

(2) 洗衣服之前確認有沒有會褪色的衣服。如何確認一件新衣服是否褪色呢？在第一次洗的時候，我會放入防染色洗衣片，如果洗完了這張紙還是白的，說明不褪色。

(3) 檢查衣服口袋裡面有沒有東西。

(4) 最後放洗衣精＋柔軟精（毛巾類，棉質類，內搭）／衣物消毒液（外衣，褲子，非真絲類床單被罩等）。

除了有一個電子版的流程，我還會做一個小便簽直接貼在洗衣機上。因為剛開始總會忘記，等過一陣子我養成習慣了，這張小紙條就可以扔掉了。

其實建立範本的過程，也是一個抄作業的過程，有了範本我相當於在抄自己的作業，而不是每次都做新的作業。如果不去總結範本，生活中很多事情都要重新思考，消耗大腦能量。精力狀態不好的狀態下就很容易忽略了其中的某一項，比如洗衣服的時候忘記放防染色紙這種事情。有了範本小抄，就可以對著抄作業了。畢竟人生是一場開卷考試，看到別人做得好的地方或者不同之處，可以修改自己的「小抄」，提升自己的範本的競爭力，讓自己贏在演算法上。

如何建立範本？

我們如何在生活和工作的各個方面建立範本呢？

如果遇到一件我從沒有做過的事情，我就會去觀察別人或者去網路上找資料學習。這兩年直播非常火爆，剛開始的時候，我是憑著本能認知去看別的主播怎麼直播，了解了直播要提前準備主題、做海報宣傳等，但是具體什麼時候宣傳我是沒有概念的。隨著我的學習，我的範本裡就規定海報宣傳要提前七十二小時，這就是我最初版本的小範本。後來隨著自己直播次數的增加，我發現說話兩個小時會非常口渴，但是如果頻繁喝水又會把口紅蹭掉，於是我又提前準備好水杯和吸管，這樣喝水的時候就不用擔心了。平時我除了直播還要上課，說話久了嗓子會很不舒服，我後來又觀察到大家是有收音器的，一方面可以降噪，另一方面還可以更好地呈現音訊效果。再後來我跟別的老師連線的時候，發現人家不僅聲音好聽，每天直播好幾個小時也沒像我一樣那麼累，祕密就是一個麥克風，既有收音器的作用，又有擴音器的作用，而不是像我一樣完全靠吼。再後來，我發現有的直播間特別熱鬧，原來人家是有助理的，並且提前準備了一些熱場的話術……隨著在這個領域裡不斷實踐，我逐步發現了很多細節，把這些細節都加入我的範本中，不斷反覆運算和優化。在這個過程中難免會有一些試錯成本，比如夏天直播，如果開空調會有雜音，如果不開空調用手機直播一個小時就會因為過熱而關機，我就曾經因為手機過熱在直播中間被迫退出過。後來我準備了一個有靜音功能的風扇，專門給手機吹風散熱。透過這樣不斷調整和試錯，慢慢就形成了一個相對完善的直播範本了。

第二種建立範本的方式是直接高品質借力，比如花錢去買別人的範本。我找一個在領域裡比我工作時間更長、有更多經驗和結果的人要範本，可以省去我很多摸索的時間。但是要注意一點，別人的範本不一定是可以直接拿來用的，因為別人的環境跟你的一定會有區別。那我要怎麼做呢？我會去看他的背景條件是什麼，比如我的老師做直播預約很簡單，只需要直播前把連結扔進自己的粉絲群就會有很大的流量。因為他本身影響力非常大，且有自己龐大的粉絲群，但是這對我就不適用，我沒有建過粉絲群，也沒那麼大的影響力，有時候需要去一些社群裡提前邀請大家才能獲得足夠多的關注。所以，對於別人給的範本，你要調整、刪減和試錯，變成自己的範本。高品質借力的方式，可以幫你省掉很多試錯成本。

很多時候我們都把自己的生活過成了一系列隨機事件，但其實很多事都可以遵循流程和範本，透過不斷積累和優化你的範本，可以幫你節省精力，還會帶給你明顯的進步，帶給你意想不到的機會。去梳理自己生活、工作中的範本吧，它們會幫你在各種狀況下都能給出一份不錯的答卷！

9.2 贏在決策上

很多網站的大促銷都在半夜十二點開始，為什麼呢？因為心理學家發現，決策者在連續做出大量決策之後會出現決策能力下降的現象，我們稱之為決策疲勞。決策疲勞會扭曲一個人的判斷力。這個時候你在做判斷的時候，自身能量已經很低了，但是它並不像身體訊號那麼明顯，很容易被你忽略。當我們出現決策疲勞的時候，大腦會自動想尋找捷徑，降低決策難度。而這條捷徑，就是魯莽決策，依靠本能採取行動，而不是花費精力動用理智去考慮後果。這個時候，衝動消費是非常常見的。

除了衝動消費，還有一種情況是消極或者保守決策，甚至是延緩決策。也就是拖延時間，不做決定，來緩解決策給自己帶來的精神壓力。然而，雖然你暫時沒有決策，但是你心裡一直在惦記這件事，也就是它還在大腦後臺運行著，無形中消耗著你的精力。舉個例子，你想買一個包，但是對於價格、款式有猶豫，雖然說在工作，但是腦子裡一直時不時飄出來：到底買不買？要不要等等優惠價格？

因此，決策是非常耗能的。那麼如何讓決策更簡單一些，減少決策疲勞呢？我們可以提前建立一些決策的公式，也就是「決策範本」。這樣我們在決策的時候，就可以把這件事的決策精力需求成本降到最低。當你有了一個決策的範本，就相當於參加了一場開卷考試，可以去「抄」。否則，每次都是閉卷考試，你要絞盡腦汁想答案，在決策疲勞時，就很容易考低分。然而，人生中的很多事是沒有補考的，很可能一次決策失誤直接讓你不及格出局。

建立你的決策範本

生活就像是一個巨大的販賣場，各種選擇陳列得琳瑯滿目，小到你每天吃什麼食物，聽什麼音樂，看什麼書籍，大到在哪個城市定居，從事什麼工作，選擇什麼樣的生活方式，集合起來就是你的人生。所有選擇的累加結果，決定了你生命的模樣。

選擇很重要，但選擇也不容易，人們經常在這些大大小小的事情上「糾結」，比如有些人點個餐都要糾結十五甚至三十分鐘，或者你明明不想參加一個應酬，但又擔心傷了別人的面子而猶豫半天。我們在各種選擇中糾結、猶豫，耗費了大量的精力成本。當我們提前為工作與生活中常見的場景準備好決策範本，事情發生的時候直接調用，就可以省去大量的時間和精力。

民以食為天，我們從「吃飯」這件足夠日常和常見的事情說起。你是不是有為「今天吃什麼」而絞盡腦汁的時候，如果我們建立了決策範本，就可以節省大量的精力成本。

首先，我的日常飲食是相對固定的，每天吃的東西基本進行一些替換和輪換就可以了。

早上：蔬果汁，雞蛋，芝麻糊，牛奶，麥片等。

中午：肉＋青菜，比如煎鮭魚、牛排，烤羊排等，加點蘑菇、蔬菜、水果。中午很少吃精緻碳水類，比如米飯、麵條等。

晚飯：家常炒菜，雜糧粥，味增湯煮菜等。晚上會吃一些碳水，但是如果晚上要有高腦力工作則絕對不會吃麵條之類的食物。

家裡還準備了一些家常菜的清單，每天可以在裡面挑選一兩樣。或者你想進一步降低決策成本，可以提前安排好一週的菜單。

其次，我有一些時候是叫外送的。那什麼時候叫，什麼時候不叫呢？我給自己定了一個原則：一週叫外送要少於三次。優先叫外送的時間點是生理期，其次是做長時間的個案諮詢。特殊情況下我可以超出三次，比如偶爾會有一些飯局，這個不是我能完全控制的。叫什麼我也是有範本的，如果是我自己叫，我平時收集了一些適合一個人吃的餐廳，直接在裡面選擇就可以了。如果有案主來做個案的時候需要叫外送，我會儘量點一些清淡的，因為大多數人做完個案後是非常疲憊的，不適合腸胃負擔過重。但如果案主來自四川、江西這些地方，從小吃辣，那我會詢問對方意願，適當選一些辣的食物。

除了在家吃飯和叫外送有決策範本，在外點餐也是可以有範本的。我剛做助理的時候，每次跟老闆出去吃飯負責點菜都很頭疼。為了點好菜，一開始我把公司周圍所有的餐廳都吃了一遍，誰家菜量大，誰家口味好，都做了記錄。但是這種方式成本太高了，並且一旦跑出公司周邊，我這套方法就失效了，從那個時候我就開始探索點菜的範本。那時候我會觀察一個菜的「回筷率」，如果說一個菜最早被清盤，我就會用心地記錄一下，甚至某個人這是第幾次吃這道菜，我都會觀察和記錄，所以那個時候吃飯可累了，自己從來都吃不飽。透過不斷觀察、試錯、調整，我總結出來一套「萬能範本」，基本可以應對大部分場合。

選址：主要考慮規格和用餐時間。如果規格很重要，就優先選好一點的餐廳，忽略距離，這種情況大部分是晚上。如果是中午的話，大部分是優先考慮距離。

點菜數量：考慮餐廳的菜量大小以及人員組成比例。首先看男女比例，如果男多女少，大概肉菜和素菜的比例是六：四，如果女多男少則會五：五或者四：六。其次看客人喝不喝酒，如果喝的話，會多一點肉和下酒菜。最後看菜量，如果菜量正常，則人均一道菜，如果菜量小就每五個人多加一道菜，如果男士還特別多，會酌情再加一道。

點什麼菜：主要靠熟悉的同事推薦，參考網路評價，抄熟客的作業或者問資深的服務員。現在網路上都會列出一些經典菜品，選擇這些踩雷的機率會減小。此外，去觀察餐廳的人點什麼菜，也是一個非常好的方法。例如，上週日我和朋友聚會去了一家新餐廳，我們旁邊來了四個人，其中的一位男士一落座就迅速點完了菜，我一看就判斷出他是這裡的熟客，我當時正好還差一個蔬菜，就模仿他點了一個番茄，結果那道菜真的特別好吃，成為全場最受歡迎的菜品。除了借力熟客，問服務生也是個不錯的選擇，但是我一般不會問年輕的服務生，而是請教比較資深的前廳經理，他們的經驗更豐富。

個性化選擇：主要考慮地域和季節差異、口味和鹹淡等。在地域上，一般東北這些區域的人口味偏鹹，南方人喜歡喝湯。我還會適當考慮客人的性格，有一些人比較喜歡嘗鮮和獵奇，那麼我會點一些比較新奇的、他沒吃過的菜。夏天的話涼菜會多一點，冬天會點個湯。如果請外國人吃飯，有不踩雷的三道菜：宮保雞丁、栗子雞、麻婆豆腐。另外注意禁忌，有些人不吃動物內臟。

有了這套點菜範本，即使在時間和精力很緊張的情況下，也很少出錯。

以上是我自己總結的一些關於「吃」的範本。吃飯是我們生活中最日常不過的小事，也許你吃一次飯只糾結五分鐘，但是一天三頓飯，一年三百六十五天，一輩子好幾十年，當我們有決策範本可參考的時候，節省下的精力是非常可觀的。何況，如果你在其他方面也有類似的範本，那會省下多少精力呢？

做決策的範本

在工作和生活中，我們難免會遇到一些難以決策的事情，這個時候，我也會有一個「決策範本」來幫我做選擇。這個範本主要包括三條：

(1)資訊收集（資訊是否完整，樣本數量是否單一）。

(2)決策的邏輯或認知。

(3)可能風險。

拿我回國這件事舉個例子，二〇二一年我第一次申請回國是四月十五號，且買了當天的機票。這中間涉及一個回國申請書，我不太懂這個是不是好批准，於是問了兩個剛回過國的朋友。他們都說這個申請非常容易，二十四小時內就批復下來了，我當時也沒有太當回事。然而當我興致勃勃到了機場，卻被通知未通過審批，直接浪費了一張機票。這是一次決策失敗的經歷。復盤這件事，第一，我的資訊收集是不全面的，我詢問了兩個人，一個是六十多歲的老人，她申請的理由是家裡有八十多歲的老母親要照顧，政府批准了，第二個是學生，拿的是學生簽證，說自己很想家，並且很快就回來上學，也很快批准了。也就是說，我當時調查的樣本單一且不全面，他們的情況都跟我不一樣。第二，我不知道澳洲政府是如何審批這個申請的，什麼條件批准什麼條件不批准，我完全沒有這個決策邏輯或者認知。第三，當時我對風險考慮不足，忽視了被拒的風險而輕易訂了機票。這種風險不僅僅是一張機票的事情，因為當時我已經退了在澳洲的車和房子，後面三個月處於居無定所的狀態，浪費了大量的時間和金錢。

無論如何，申請書被拒這件事情不管是時間還是金錢成本，風險都在我可接受的範圍內，但是對於一些風險更高或者說我更看重的事情，我會更謹慎地去決策，比如對於「是否要回國」這件事情。新冠疫情剛開始的時候，我媽媽非常焦慮，想讓我回國，其實我自己也在考慮，可心裡還是猶豫，畢竟回國的成本非常大，到底是短期回國還是長期回國，我要準備的事情也是完全不一樣的。我思考了自己留在澳洲最主要的兩個目的：教育和醫療。當時我的身體已經完全恢復，醫療對我已經不具有最大吸引力，就剩教育這一個因素了。我已經獲得了兩個碩士學位，短時間不想再讀書，並且當時我還單身，短時間也不會涉及子女的教育問題。工作的話，在哪裡對我來說影響都不大。所以長期回國其實是個不錯的選擇。但我覺得自己的資訊收集和認知還不足以讓我做出決策，於是我去請教了我的導師高老師，問他對國內的經濟大環境的預判，他是比較樂觀的。然後我又向一稼老師請教了情感問題。當時我三十三歲，是要考慮脫單問題的。我在澳洲的脫單阻力很大，相對而言國內可能會好一點。這個過程我稱之為「借力＋對答案」。當我看不清國內的情況時，也沒有做決策所需要的資訊，高老師的認知、見識、閱歷都在我之上。關於脫單，一稼老師對我比較了解，所以和她對個答案。經過和兩位老師的探討，我就做到了心中有數，愉快地決定舉家（我和我的貓）回國。

以上是我的決策範本的案例。大家現在就開始建立這個意識，每面臨一次選擇都去考慮，我為什麼這麼選擇？背後是什麼原則指導我做出了這個選擇？這個選擇真的是最優解嗎？當你面臨決策的時候，去看自己的資訊收集是否全面，是否清楚這件事情的決策邏輯，考慮清楚可能的風險。透過不斷的覺察、反思、試錯、優化，你會慢慢建立起自己的決策範本，這些範本將覆蓋你的工作、生活等人生的方方面面，讓你更加省力地做出更優質的決策，活出更有品質的人生。

本章小結

如果說我們在行為上透過習慣來形成「自動化」，減少精力損耗。那麼範本就是一種思維上的「自動化」，我們可以在生活中建立一些流程型範本，也可以建議一些決策型範本，幫我們節省大量精力。

1. 範本可以降低事情對精力的需求，保證我們在低精力水準下也有一個穩定的結果，省下的精力還可以進一步提升和改進範本。
2. 建立範本的過程也是在抄作業的過程，有了範本，我們可以抄自己的作業，也可以抄別人的作業。
3. 如何建立範本？我們可以去觀察和模仿別人，也可以去直接複製高人的範本，然後在不斷試錯和調整中建立起自己的範本。
4. 決策是非常耗能的，甚至產生決策疲勞。決策範本可以讓我們節省精力且減少決策失誤。
5. 如何做決策？我的範本包括三條：第一，資訊收集；第二，決策邏輯或認知；第三，可能風險。

【作者簡介】

唐希媛（Luna）

留學美澳，雙碩士學位。現為專業精力管理教練，在精力管理領域研究十年。

留學美國時曾遭遇嚴重車禍，經歷一段漫長且辛苦的身心復健，最後靠著毅力找回健康的身體。從這段經歷中，她收穫了豐富的身體管理與心理照顧知識，之後更運用這些知識，建構出一套完整的精力管理系統。自二〇一九年創辦 Luna 成長學院，至今已幫數萬名學員提升精力，拿回生命的掌控權。學員遍布世界四大洲，不乏知名企業的中高階管理者。

她也是一名心理諮詢師和療癒師，諮詢時長累計五千小時。擁有證照：美國時間線療法認證高級執行師；美國ＡＢＮＬＰ認證高級執行師；美國ＡＢＨ認證高級催眠治療師；ＥＦＴ情緒釋放技術治療師；意向醫學調理師。

你不是沒時間,而是沒精力!:提高人生績效的精力管理術/唐希媛(Luna)著. -- 初版. -- 臺北市:時報文化出版企業股份有限公司, 2025.02
320面;14.8X21公分
ISBN 978-626-419-212-5(平裝)

1.CST: 自我實現 2.CST: 生活指導 3.CST: 成功法

177.2 114000434

ISBN:978-626-419-212-5
Printed in Taiwan

WIN 041

你不是沒時間，而是沒精力！

提高人生績效的精力管理術

作者 唐希媛（Luna）｜**主編** 尹蘊雯｜**責任編輯** 王瓊苹｜**責任企劃** 吳美瑤｜**美術設計** Ancy Pi｜**內頁排版** 芯澤有限公司｜**副總編輯** 邱憶伶｜**董事長** 趙政岷｜**出版者** 時報文化出版企業股份有限公司 108019 臺北市和平西路三段240 號 3 樓 發行專線—（02）2306-6842 讀者服務專線—0800-231-705．（02）2304-7103 讀者服務傳真—（02）2304-6858 郵撥—19344724 時報文化出版公司 信箱—10899臺北華江橋郵局第 99 信箱 時報悅讀網—www.readingtimes.com.tw 電子郵件信箱—newlife@readingtimes.com.tw ｜ **法律顧問** 理律法律事務所 陳長文律師、李念祖律師 ｜**印刷** 勁達印刷有限公司 ｜ **初版一刷** 2025年 2月14 日 ｜ **定價** 新臺幣400 元 ｜（缺頁或破損的書，請寄回更換）

時報文化出版公司成立於1975年，1999年股票上櫃公開發行，2008年脫離中時集團非屬旺中，以「尊重智慧與創意的文化事業」為信念。